SPHINX

Der Tatzelwurm, wie ihn mein Grossvater beschrieben hatte.

Herzliche Grüsse

M. Läubli

Sergius Golowin

Drache, Einhorn, Oster-Hase

und anderes phantastisches Getier

SPHINX

Die Deutsche Bibliothek – CIP-Einheitsaufnahme
Golowin, Sergius:
Drache, Einhorn, Oster-Hase : und anderes phantastisches Getier /
Sergius Golowin. – Basel : Sphinx-Verl., 1994
ISBN 3-85914-195-3

Umschlagillustration: Max Läubli
Umschlaggestaltung: Charles Huguenin
Satz: Sphinx, Basel
Herstellung: Clausen und Bosse, Leck
Printed in Germany
ISBN 3-85914-195-3

Inhalt

Vorwort

Sind's Träume?
Sind's Erinnerungen?
Goethe, Klassische Walpurgisnacht

Als ich noch ein Kind war, erklärte mir ein alter Naturforscher aus Gottes Gnaden, als ich gerade meinte, ich müßte seine Geschichten bezweifeln: «Du kannst sie drehen, wie Du willst, trotzdem sind sie endlos wirklicher als Du und ich!»

Er nahm den Oster-Hasen als ein sehr naheliegendes Beispiel und er erklärte es mir recht ausführlich: «Es ist noch gar nicht lange her, da wußte man auf Erden noch gar nichts von Dir, nicht einmal Deine lieben Eltern. Daß es aber all die Wundertiere gibt, das hatten sie bereits selber von ihren eigenen Vorfahren gehört, und diese wieder von ihren allerfernsten Vorfahren...

Nun kannst Du künftig auf irgendeinem Gebiet ein recht bedeutender Mensch werden, von dem die Zeitgenossen viel reden. Doch wenn Du dann, früher oder auch später, friedlich oder verbittert diese Welt verlassen mußt, wer wird schon ein ganz kurzes Jahrhundert später von all Deinen Lebensabenteuern wissen? Vom Osterhasen und all den andern Wundertieren wird man aber noch immer berichten, als könnten sie niemals altern. So wird es sein und bleiben, zumindest solange es den menschlichen Geist gibt, der während seiner kurzen Lebensspanne verzweifelt etwas zu begreifen sucht.»

Tiere, die es (wahrscheinlich) nicht gibt, vielleicht sogar niemals gab? Und doch überdauern sie die Jahrtausende, eine auf sich stolze Generation nach der andern.

Sergius Golowin

I. Meinungen durch zwei Jahrtausende

Von Doktor Faust glaubte man, daß er bei seinen Universitätsvorlesungen vor seinen Studenten Traumbilder der altgriechischen Wundergeschöpfe «leibhaftig» erscheinen ließ.

Der griechische Tempelschlaf wird wiederentdeckt

Die antiken Kulturen feierten das Ritual des Tempelschlafs. In den Heiligtümern kamen die Menschen zusammen und brachten sich durch Meditation und Hilfsmittel wie Musik und Tanz in die richtige schläfrige Stimmung. Bald darauf erschienen ihnen Traumbilder, die ihnen, so glaubten sie, Weisheit und Gesundheit schenkten. Ist hier eine Hauptquelle der alten Dichtungen zu suchen, die noch immer unsere Phantasie anregen?

Der Franzose Hervey de Saint-Denys (1822–1892) war zweifellos ein wichtiger Bahnbrecher der neuen Traumforschung. Seine Untersuchung der schriftlichen Quellen des Altertums führte ihn zu einer wichtigen Annahme: Die Alten waren schon sehr erfolgreich darin, Träume bewußt hervorzurufen und sie bis zu einem gewissen Grad nach ihren Wünschen zu steuern. Der Gelehrte vermutete, daß die alten Seher und Priester beneidenswerte Kenntnisse der seelischen und körperlichen Bedingungen von Schlaf und Traum hüteten.

Hervey de Saint-Denys tat alles, um diesen uralten Weg zur Erforschung unserer inneren Weisheiten neu zu entdecken. Er verfaßte im Jahre 1867 über seine erstaunlichen Ergebnisse sein Traumbuch, von dem dann ein ganzes Jahrhundert lang entscheidende Anregungen ausgehen sollten. In den Jahren 1897–1899 schrieb Sigmund Freud sein umfangreiches Werk *Die Traumdeutung*. An wichtigen Stellen verweist er uns auf die Forschungen seines Vorläufers. Sie bestätigten ihm, daß wir unsere Abenteuer im Schlaf offenbar in eine von uns gewünschte Richtung zu steuern vermögen. Freud ergänzt: «Es ist auch bekannt, daß das Interesse am Traum die Anzahl der nach dem Erwachen erinnerten Träume erheblich steigert.»

Der große französische Forscher, der als Fachmann für chinesisch-mongolische Kultur galt, wählte für seine Traumversuche eine ostasiatische Bildersammlung aus. Sie zeigte auf phantastische Art einen Herrscher, der sich mit seinen schönen Freundinnen zärtlich unterhält. Sigmund Freud sagte über den Bahnbrecher einer lustvollen Seelenwissenschaft: «Es scheint, daß bei ihm der Wunsch zu Schlafen einem anderen vorbewußten Wunsch Raum gegönnt hatte. Dem, seine Träume zu beobachten und sich an ihnen zu ergötzen.»

Offen gab der Franzose zu, daß seine Triebfeder nicht nur die Neugier und Freude an wissenschaftlichen Entdeckungen war, sondern auch das Glück, in seinen Nächten Lustempfindungen zu durchleben und voll zu genießen.

Um die Gärten des offenbar sehr geschmackvollen sinnlichen Ostasiaten dehnten sich phantastische Waldungen, die der Mond beleuchtete. In seinem Silberschein, der alles verzauberte, zeigten sich seltsame Traumtiere (animaux bizarres), die eine verspielte Kunst stets liebte. Hervey de Saint-Denys genoß nun

Tag für Tag die Bilder aufmerksam und freudvoll. Dabei atmete er stets einen angenehm riechenden, seltenen Duftstoff ein, der ihm mit der Welt der abgebildeten Traumgärten verwandt zu sein schien. – Nach einiger Zeit ließ er sich Tropfen des gleichen Duftstoffes auf sein Kissen träufeln und gab sich dem Schlafe hin. Dies regte nun sein Unbewußtes an, in das sich durch die regelmäßige Betrachtung Gärten und Wälder eingeprägt hatten.

Nun entstanden vor seinen Augen wunderbare Abenteuer, die deutlich von der lustvoll geschauten mongolischen Kunstwelt ausgingen. Sie waren von einer Klarheit und Schönheit, daß sie die Ehrfurcht unseres bewußten Träumers gegenüber unserer «Seele als Künstlerin» ungemein steigerten. Heute würden wir sagen: Er geriet jedesmal in seine eigenen Theaterstücke oder Filme, wie sie ihm vollkommener kein anderer Mensch hätte schenken können!

Die Forschungen des Lebensgenießers Hervey haben nicht nur der Psychoanalyse des 19. Jahrhunderts starken Anstoß gegeben, unsere Traumwelt stärker zu beachten. Die Jugend der sechziger Jahre unseres Jahrhunderts, zumindest diejenige, die nach neuen Lebensformen suchte, wurde außerordentlich stark durch eine Neuauflage (1964) seines seltenen Werks inspiriert. Die Freude an den Kunstwerken der vergessenen Kulturen, an der Phantasie der Comic-Zeichnungen, an den entsprechenden Märchenfilmen «für Erwachsene» erhielt von hier entscheidende Anstöße. Ich hörte davon in den Räumen des Pariser Verlags «Terrain vague», der auf allen soeben erwähnten Gebieten bahnbrechend wurde.

Die Sagenbilder, die zweifellos im Tempelschlaf der antiken Welt eine solche Bedeutung besaßen, überlebten trotz der Hexenverfolgungen des 15. bis 18. Jahrhunderts, als man alle, die sie noch träumten, als verdammenswerte «Verbündete der Nachtgespenster» ansah. Sie überlebten ebenfalls den darauffolgenden Industrialismus, der (wie gerade Sigmund Freud nachwies) etwas voreilig das Wissen der alten Traumbücher als «Zigeuner-Aberglauben» verachtete.

Durch die neuentdeckten Seelentechniken erobern sich diese

Bilder, die in uns leben, ihren angestammten Platz zurück. Dank Film und Fernsehen muß man wohl kaum einem jungen Menschen erklären, wie ein Drache oder etwa das Einhorn aussieht!

Bilder aus vergessenen Kulturen

In nächtlichen Schluchten schaute man das Chaos der Urzeiten.

Die Sagen und Träume von unglaublichen Geschöpfen, denen wir in den Märchen der Orientalen begegnen, stammen offensichtlich aus uralten Bildern, welche die morgenländischen Völker auf den Ruinen ihrer geheimnisvollen Vorgänger erblickten. Gerade die phantasievollen Geschichtswerke, die um den «König der Könige» Salomo kreisen, verweisen auf die Darstellungen an uralten Tempeln.

So heißt es etwa von den urtümlichen steinernen Kunstwerken, die Dschinne (also Feenwesen) in Gestalt phantastischer Tiere zeigen: «Helden kämpfen (auf solchen Bildern) mit reißenden Tieren.» Dies seien uralte Symbole des «immer fortwährenden Kampfes» des Guten mit den Mächten der Vernichtung. Ohne dieses Ringen gibt es keine «weise Regierung», die das menschliche Dasein erst lebenswert macht.

Diese Drachenwesen und ähnliche Gechöpfe sind Hinweise auf die Schöpfung aus Feuer, die unzählbare Zeitalter vor Adam und Eva bestand: «Sie lassen an Sonderbarkeit und Abenteuerlichkeit die wildeste Einbildungskraft (der heutigen Menschen) weit zurück. Vielköpfig, vielarmig, vielfüßig, vielleibig, mit Löwenrachen und Drachenschwänzen, mit Pferdehufen und Bocksfüßen...»

Sie bevölkerten nach den Orientalen lange vor dem Menschen die Erde. Heute hätten sie sich in abgelegene Gegenden der Welt zurückgezogen, in denen sie sich den erschrockenen Reisenden plötzlich zeigen können. Die orientalischen Quellen nennen als Rückzugsgebiete der Urgeschöpfe dieser Art etwa die glühenden Wüsten Afrikas oder das Gebirge Kaf – dieses wurde gelegentlich von den alten Geographen mit dem Kaukasus gleichgesetzt. Auch für die europäischen Zigeuner erscheint ein sagenhaftes Bergland im Osten als Wohnstätte der Feuergeister und damit als Heimat «aller Schmiedekünste».

Die Geschöpfe, die «die wildeste Einbildungskraft» des Menschen übertreffen, kommen in unseren Träumen und Kunstwerken vor, so etwa als «Mischkreaturen» auf antiken Denkmälern. Aber auch in der modernen Kunst, wie die Werke von Odilon Redon oder von Hans-Rudolf Giger (Zürich) zeigen. Der letztere benützt für seine Ideen uralte Zauberbücher und regte eine Reihe moderner Horrorfilme wie «Poltergeist» oder «Alien» entscheidend an.

Als Göttin der Hexen erscheint in mittelalterlichen Sagen die Mondfrau Diana oder Frau Holle. Um sie rast ein endloser Wirbel schwer faßbarer Wesen, die unsere Zauberbücher geradezu «Larven» nennen. Vulpius, der Schwager von Wolfgang Goethe, erwähnt solche Schilderungen bei den Wenden. In unvorstellbarem Wirrwarr erscheinen gespenstische Geschöpfe «mit Hundsköpfen, spitzen Schnauzen, Hauern und Eberzähnen, Rüsseln und dergleichen.»

Die Zauberer und Hexen mögen diesen Wirbeltanz in ihren Nachtträumen geschaut haben, und sie sahen darin «das Chaos der Urzeit». In den Kräften und Elementen würden die Möglichkeit zur Gestaltung aller Geschöpfe stecken. Da aber damals noch keine schöpferische Ordnung herrschte, gab es auch noch keine festen Formen. Alle Gestalten flossen ineinander und waren unfaßbar, wie Bilder in Wolken und Nebeln.

Die Alpensage, die namentlich im Rhonetal des Wallis erhalten blieb, berichtet noch vom Kampf des ersten Christentums mit den Mächten, wie sie sich am Ende jedes Zeitalters einer Kultur erheben. Das mitteleuropäische Gebirge mit seinen Gletschern galt nicht weniger als Versteck der Urzeitmächte als im Osten die Wüsten, der märchenhafte Kaf oder der Himalaja. Die spukhaften Geschöpfe verlassen ihre dunklen Schluchten und Höhlen und stürmen auf die Menschenwelt los, um die Erde wieder in ihr heimatliches Chaos zu verwandeln.

Doch der neue Glaube hält sie, nach der frommen Legende, zurück, und es bleibt ihnen nichts weiter übrig, als wiederum in ihre Dunkelheit zu verschwinden. Selbstverständlich glaubt man, sie würden wieder hervorbrechen, «wenn die Menschen ihren Glauben verlieren und einander weder Gutes tun noch zutrauen». Wie ich es auch mündlich von einem Kenner der Bergsagen vernahm: «Wenn die Glocken der Alpenkirchen und die der Kuhherden nicht mehr läuten, ist dies für die Schreckgestalten der Abgründe das erhoffte Zeichen. Sie erwachen und fegen alles Menschenwerk hinweg.»

Diese unheimlichen Gebirgssagen enthalten freilich einen Kern Hoffnung: Am Ende eines Zeitalters versinkt alles wieder in Chaos. Aus diesem wird sich aber nach dem ewigen Willen des Schöpfers allmählich wiederum eine neue Ordnung entwickeln.

Unsere Ahnen durchwanderten alle Märchenländer

Der Mensch des Mittelalters mochte noch so abgelegen hausen, zu seinen Genüssen zählte dennoch das Lesen wundersamer Reiseberichte. Was gab es da nicht alles! Die Abenteuer des griechischen Kaisers Alexander, der seinem Freund, dem Naturforscher Aristoteles, von seinen Feldzügen die seltensten Tiere zusandte; die Erlebnisse mitteleuropäischer Stämme während der Völkerwanderungen, die sie, dem Bayern Aventin und ähnlichen Chronisten zufolge, bis zu den Geheimnissen von Asien führten, oder die kühnen Entdeckungsfahrten des Ritters Johann von Mandeville, wohl einer der beliebtesten Lesestoffe des 15. bis zum 18. Jahrhundert.

Gerade Aventin verglich die alten Weltreisen der abendländischen Stämme, bevor sie seßhaft wurden und feste Staaten gründeten, mit den Wanderungen der Nomaden. Diese Menschen hätten in ihrer Gesamtheit «keine (feste) Wohnung gehabt, seien wie die Zigeuner hin- und hergezogen». Der Chronist Johann Stumpff weiß es recht anschaulich: «Von der Jugend bis zu (ihren) männlichen Tagen lagen sie auf der Erde wie das Vieh, Tag und Nacht saßen sie bei dem Feuer...» Die Chronisten, die sich bei ihrem Geschichtsbild auf volkstümliche Überlieferungen stützten, sahen im übrigen in der Zivilisation kaum einen Fortschritt. Nochmals Aventin: «Denn wo man sich vor Hitze und Kälte verbaut, würden (durch solche Bauwerke, die der Verweichlichung dienen! S. G.) faulwidrige Leute, die nichts leiden möchten, weder Hitze noch Kälte, weder Sommer noch Winter.»

Die Kunde über die geheimnisvollen Geschöpfe, von denen das Volk noch immer erzählt, wären demnach seit der fernen Vergangenheit weitergegebene Tatsachenberichte über die Wanderungen und Feldzüge unserer Vorfahren. Dies stimmt ziemlich genau mit zahllosen Sagen der Zigeunerstämme von heute überein, die noch bis in die Zeiten «vor der Sündflut» reichen sollen – als die Erdteile noch nicht ihre heutige Gestalt besaßen.

Ich wirkte von 1977 bis 1983 in verschiedenen staatlichen Kommissionen mit, die sich mit den Verfolgungen der einheimischen Nomaden beschäftigten. Kluge Fahrende versicherten uns, daß sich die Seßhaften dabei selber am meisten schadeten: Durch ihr gutes Gedächtnis hätten die modernen Wanderstämme, die wir vereinfachend alle als «Zigeuner» bezeichnen, eine ungeheure Erfahrung gewonnen. Sie wissen demnach noch immer, wie man nicht nur bei kriegerischen und wirtschaftlichen Krisen überleben kann, sondern sogar bei Erdkatastrophen: Wer solche periodischen Vorgänge vergißt, wird ihnen voll ausgeliefert sein, wenn sie sich einmal wieder ereignen sollten.

Die Fahrenden erinnern sich an ihren Aufenthalt in der Urheimat, die sie unter dem Namen «Baro Than» kennen. Dort habe es nun einmal «alles» gegeben, was heute nur noch in unseren Märchen vorkommt: Die siebenhäuptige Riesenschlange im Gebirge, den «Feuerkönig» im Bergesinnern und die Wasserungetüme im tiefen Meer. Neben dem Land der «menschlichen Menschen», der «Rom», lagen die Reiche der Wolfs- und der Katzenleute, der Luve-Manusch und der Magoschka-Manusch: Deren Blut lebt noch immer in einigen Sippen weiter, die deshalb die Kunst oder Wissenschaft der Verwandlung beherrschen.

Zahllose Zauberbücher, die noch immer im einheimischen Volk umgehen, sehen ebenfalls in solchen Sagen den Ursprung all der wunderbaren Geschichten. In verschiedenen Ausgaben des 6. und 7. Buch Moses vernehmen wir etwa, aus dem weisen Urvolk seine die drei Magierkönige des Evangeliums, Kaspar, Melchior und Balthasar, gekommen: «Von diesen achtmächtigen Priestern der Lichtquelle ... stammen nach talmudischer Tradition die Zigeuner ab...»

Wunderbare Geschöpfe, mit denen sich die Menschen treffen, sehen wir bekanntlich auf den seltenen alten Tarot-Trümpfen. Auch diese Bilderreihen sollen nach den Zigeuner-Wahrsagern Hinweise auf die Wanderungen durch all die phantastischen Länder sein, durch die ihre Vorfahren zogen: Sie sind sozusagen «Fenster für die Seelen», genau wie die erzählten Märchen oder die berauschende Musik. «Durch die alten Künste steigen aus unserem Gedächtnis die Wunder aller Zeiten.» Sie sind nicht entschwunden, weil sie in uns weiterleben.

In diesem Zusammenhang steht eine für mich sehr erstaunliche Erfahrung: Wenn Zigeuner über die alten Geheimnisse berichten, denen ihre Ahnen auf ihren Weltwanderungen begegneten, verlegen sie diese gern nach Zentralasien, in «die indischen Gebirge», oder an «die ägyptischen Nilquellen»: Das sind aber ebenfalls die gebirgigen Länder, in denen auch in neueren Berichten zahlreiche Begegnungen mit unseren Märchentieren stattfinden.

Wunder der Umwelt

Berge und Meer sind Landschaften, die unsere Phantasie und Wahrnehmungsfähigkeit steigern können. Wie wir im übrigen gerade aus den Sagen der alten griechischen Stämme wissen, wählten sie häufig ihre malerischen Wohnsitze auf Inseln und Höhen, um der Welt ihrer Götter und der mit diesen verbundenen Wunderwesen näher zu sein. Eine Fülle von natürlichen Einflüssen, die noch immer kaum erforscht sind, nährt die Bilderwelt einer Kultur.

Nach dem großen Naturphilosophen Paracelsus besitzen die Zigeuner, die fahrenden Völker auf Heimatsuche, eine entscheidend wichtige Eigenschaft: sie können in unserer Umwelt «lesen» wie in einem aufgeschlagenen Buch. Sie fühlen die wahren Reichtümer, die die Erde birgt. Sie erkennen die Kräfte, die jede Landschaft durchfließen und deren einzigartige Besonderheit ausmachen.

Paracelsus sah hier nicht nur die Auswirkungen der Instinkte, wie sie der naturverbundene Nomade noch immer besitzt. Er erkannte in diesem Erschauen der Welt auch eine uralte Wissenschaft. Sie war offenbar im Altertum hoch entwickelt. Schon die Ägypter wußten viel von diesen Dingen, und von ihnen erbten die Nachgeborenen diese beneidenswerte Kunst.

Wenn wir nun eine Anzahl der alten und neuen Berichte über die Phantasietiere durchlesen, stoßen wir auf eine erstaunliche Übereinstimmung: Viele davon stammen von Menschen, die auf Abenteuersuche oder Forschungsreisen in unbekannte Gebiete eingedrungen waren. Auf einmal stießen sie auf unerwartete Wesen, «die es nach keinem Lehrbuch geben darf». Erst nachträglich fanden sie dann eine Bestätigung in den Sagen der alten Eingeborenen, die sonst den Fremden gegenüber eher verschlossen sind. «Erst wenn ein Fremder bei uns Ähnliches wahrnimmt wie wir», sagte mir ein Hopi-Indianer, der 1971 die Walliser Alpen besuchte, «empfinden wir ihn uns wesensverwandt und reden mit ihm offen.»

Wir besitzen auch sonst wichtige Hinweise darauf, daß die Begegnungen unserer Zeitgenossen mit den «Märchentieren» stets stattfanden, wenn ihre Seelen in «ungewöhnliche Zustände» gerieten. Regelmäßig wird etwa von den Menschen, die Seeschlangen, Tatzelwürmer oder englische Pumas erblicken, berichtet, sie seien dabei auf einmal «vorübergehend gelähmt» gewesen, also körperlich erstarrt. Die russische Schriftstellerin S. N. Popowa stellt dazu fest: Aus diesem Grunde ist es nicht nötig, sich über die Tatsache, daß solche Zeugen regelmäßig das Photographieren und Filmen «im richtigen Augenblick vergessen», irgendwie zu wundern. Wer dies nach Popowa trotzdem tue, «kennt die Eigenart der menschlichen Seele schlecht.»

Ist diese «Lähmung bei Wundern» eine Folge des überraschenden Anblicks, der uns zuteil wird, oder ist es umgekehrt? Kann uns eine ungewohnte Umgebung, können uns unerwartete, starke Einflüsse irgendwelcher Art völlig durcheinanderbringen und damit plötzlich zum Empfänger längst vergessener Bilder machen? In Frankreich hörte ich zum erstenmal vom Zustand des «déjà vu». Unter bestimmten Bedingungen, die natürlich von Mensch zu Mensch sehr verschieden sein können, hat man auf einmal das Gefühl: Was um mich herum jetzt stattfindet, habe ich schon einmal erlebt, vielleicht als kleines Kind oder gar in einem früheren Leben.

Möglicherweise hängt dieser berühmte «Augenblick des Erstarrens beim Anblick des Ungewöhnlichen» damit zusammen, daß unser Verstand völlig ratlos ist. Starr stehen wir der Erscheinung gegenüber, die es nach unserer Schulweisheit gar nicht geben darf. Vergeblich sucht unser Gedächtnis nach einer vergleichbaren Erfahrung, die uns einen Hinweis geben könnte, «wie man in einem solchen Fall zu handeln hat».

Einige Menschen, die Ungewohntes erblickten, haben mir übereinstimmend versichert: Die sich dabei, meistens sehr kurz, einstellende «Spuk-Paralyse» erlaubt uns kaum eine Bewegung. Sie ist aber eigenartigerweise, wenn man sich später an sie erinnert, kaum mit einem Gefühl der Furcht, am wenigsten mit dem einer Todesangst verbunden. Es ist nur, als würden Leib und Geist ganz einfach in Richtung einer Wahrnehmungsaufgabe «umgeschaltet», die ihnen sonst ungewohnt ist.

Unser gesamtes Denken wendet sich, so etwa bei einzigartigen Lichtwirkungen in einer geheimnisvollen Landschaft, nach innen. Im Unbewußten, dieser Bibliothek aller Erinnerungen, sucht es nach uralten Eindrücken, die ihm verraten könnten, wie es den augenblicklichen Zustand zu bewerten hat. Verständlicherweise stößt es dabei auf Bilder, die aus scheinbar völlig vergessenen Zeiten und Räumen stammen.

Phantasien über andere Gestirne

Von einigen Stämmen der Fahrenden wird in der phantastischen Dichtung eine unterhaltende Idee überliefert: Die Zigeuner seien nicht nur zu allen Zeiten von Land zu Land gezogen. In ferner Vergangenheit seien sie auf geheimnisvolle Weise «von den Gestirnen her» eingewandert. Den seßhaften irdischen Völkern hätten sie ihre Magie, namentlich die Schmiedekunst, geschenkt, und so die Möglichkeit einer Weiterentwicklung geschaffen.

Der Franzose Serge, ein guter Kenner der Nomadenkultur, will dies sogar als Zigeunersage vernommen haben. Lasen die Nomaden die für sie so anregende Idee aus den Büchern, um sie dann zu ihrer Unterhaltung an den Lagerfeuern zu verbreiten? Oder ist auch hier, wie in unzähligen ähnlichen Fällen, unsere Zivilisation und deren phantastische Dichtung nur der Nutznießer uralter Überlieferungen?

Für viele Fahrende sind die «unmöglichen» Vorgänge, von denen ihre zeitlosen Märchen erzählen, irgendwo und irgendwann Wahrheit und Wirklichkeit gewesen – auf einem Erdteil, der längst auf dem Grunde des Weltmeeres ruht, oder vielleicht auch auf einem anderen Gestirn. Einige Stämme sehen in den Sternen des großen Bären, dem «Zigeunerwagen», der nahe dem Himmelspol seine Bahnen zieht, einen Hinweis darauf, daß sie auch von dessen irdischem Abbild aus, dem «Rotel» (dem Gefährt der Nomadenfamilie), an sämtliche Geheimnisse der Vergangenheit erinnert werden.

Unsere Sagen sind voll von Andeutungen, daß der Inhalt der Märchen von wunderbaren Sternenwelten stammt. Das Paradies, in dem Adam und Eva friedlich im Kreis der Tiere lebten, soll es noch immer geben – auf dem Morgenstern, also dem Planeten Venus. Der Prinz eines uralten Alpenvolkes hat nach Überlieferung der Tiroler eine schöne Mondprinzessin geheiratet. Damit sie auf Erden nicht an Sehnsucht nach ihrer himmlischen Heimat leide, wurde ein Teil der Dolomiten der silbernen Mondlandschaft ähnlich gestaltet!

Zu einem der bedeutendsten Vorläufer der modernen phantastischen Dichtung gehört zweifellos Cyrano de Bergerac (1619–1655). Er war ein kühner Krieger, dem freilich die Wahrheitssuche nach den Rätseln der Welt über alles ging. Die antiken Schriftsteller gehörten nicht weniger zu seinen Anregern als die großen Gelehrten seiner Zeit, die nach den Weisheiten forschten und sie gleichzeitig lehrten: Cardanus, Agrippa von Nettesheim, Abt Tritheim, Doktor Faust, Campanella, die Bruderschaft der zu Cyranos Lebzeiten vielgerühmten Rosenkreuzer.

Das Wissen, das in den alten Überlieferungen durchschimmert, deutete er in seiner Dichtung. Es stammt von hochstehenden Wesen, die von den Gestirnen kommen und gelegentlich mit den wenigen weisen Menschen in enge Verbindung treten. Ein solcher Himmlischer erklärt im Buch von Cyrano: «Du hast selbstverständlich von uns reden hören, man nannte uns Orakel, Nymphen, Genien, Feen, Herdgötter, Lemuren, Laren, Vampire, Kobolde, Najaden, Inkuben, Schatten, Manen, Gespenster, Geister. Wir verließen eure Welt unter der Regierung des (römischen Kaisers) Augustus...» Dies geschah, kurz nachdem das Sternenwesen, das dies erzählt, die menschliche Geschichte änderte: Es sei dem Brutus, der gegen die Barbarenstämme vorstieß, erschienen und habe ihm verboten, deren Länder einzunehmen.

Unter den Griechen habe das Himmelswesen in Athen und Theben sein Wissen verbreitet. Als die irdischen Kulturen zerfielen, habe es sich mit seinen tierähnlichen Gefährten «teils in die Tempel, teils in die Einöden zurückgezogen». Nur mit Auserwählten, also mit hochbegabten, wirklich in ihrem Wesen freien Menschen vermöchten sie zu verkehren.

In den Ländern des Himmels, denen der philosophische Dichter seine Besuche abstattet, trifft er auf die wunderbarsten Geschöpfe. Doch die seltsamen Gestalten lassen in ihm nur die Phantasiebilder aus seiner eigenen Vergangenheit aufsteigen: «Dieses Abenteuer weckt in mir die Erinnerung an das, was ich einst meine Amme von Sirenen, Faunen und Satyren hatte erzählen hören.»

Wir finden heute ganz ähnliche Gedankengänge nicht nur in vielen phantastischen Romanen, die oft vergeblich ihren Vorgänger Cyrano zu übertreffen versuchen. Es gibt heute immer mehr Werke zur «Astro-Archäologie», deren Verfasser sich bemühen, im gleichen Sinn und Geist die vorgeschichtlichen Überlieferungen und Denkmäler zu deuten: Überall finden sie Hinweise auf die Erinnerungen «der Einwanderer aus anderen Gestirnen».

Die Zoologie der Astralebenen

Handschriftliche und gedruckte Zauberbücher entflammen bis in die Gegenwart die Phantasie.

Im Orient glaubt man noch fest an Dschinnistan, also die Feenwelten: «Dschinnistan ist ein weit entferntes Reich. Gleichwohl umgibt es uns und berührt uns von allen Seiten. Es besteht aus unendlichen Dimensionen, die mit dem kleinen Raum, den wir (die Menschen) einnehmen, nicht zu vergleichen sind.»

Der Arzt und Philosoph Paracelsus (1493–1541) war überzeugt, daß unsere Sagen nur die Wirklichkeit dieser anderen Welt widerspiegeln. Der Glaube an die Märchenwesen ist nach ihm entstanden, weil die Menschen zu allen Zeiten Bilder aus diesen anderen Ebenen empfingen und sogar bewußt wahrnahmen. Kühn behauptete er, daß die Beschäftigung mit einer solchen Überlieferung für die Entwicklung des Menschen günstiger sei als die Teilnahme an den religiösen und staatlichen Streitigkeiten seines Jahrhunderts.

Der bis heute umstrittene hochgelehrte Abbé de Montfaucon de Villars (1640–1675) verbreitete solche Lehren unter den Gebildeten seiner Zeit mit der Schrift *Graf von Gabalis, oder Unterredungen über die Geheimwissenschaften*, die wie wenige das Dichten und Denken von Jahrhunderten mitprägte. Die antiken Göttersagen und die Geschichten um die gerade damals pervers verfolgten Hexen deutet er genau in diesem Sinne.

Der Mensch besaß ihm zufolge ursprünglich die Fähigkeit zu gesteigerten Wahrnehmungen, von denen uns heute nur klägliche Reste übriggeblieben sind. Alles Märchenhafte war nichts anderes als die halbvergessene Erinnerung an die Einblicke in die Universen der Wesen anderer Art. Der «Sündenfall» des Menschen bestand darin, daß er diese Wunderreiche aus seinen Sinnen verbannte.

Die Naturforschung in der Nachfolge des großen Paracelsus, des *Grafen Gabalis* und der Rosenkreuzer verband sich in der Zeit der Aufklärung mit der volkstümlichen Märchendichtung. Es war für die Philosophen der neuen Richtung eine ausgemachte Tatsache, daß alle Geschöpfe miteinander in Verbindung stehen, von der Tierwelt bis zu den feinstofflichen Feenwesen, von denen die Überlieferungen erzählen. Ignaz Ferdinand Arnold (1774–1812) schildert eine Schloßbibliothek, wo Bücher beiderlei Auffassungen gesammelt wurden. In den einen suchte der damalige gebildete Mensch nach einer Bestätigung der anderen. «Der Mensch ist das Bindeglied zwischen bloßem Tier und bloßem Geist. Er ist der Übergang, in dem sich geistige und tierische Triebe vereinigen. Über ihm schließen sich die Wesen an, die zwar noch nicht reine Geister, aber in einen feineren, subtileren Leib als der Mensch gehüllt sind.»

In seinen Volksmärchen der Deutschen läßt deshalb J. K. A. Musäus den Arzt Theophrastus, also zweifellos wiederum Theophrastus Paracelsus, im Gespräch mit einem Ritter den Schlüssel zur Wahrheit verkünden: «Die alten Volkssagen von einem Göttergeschlecht, das ehemals in Griechenland hauste, ist kein Traum der Phantasie...» Das sei nur die durch die Zeit etwas verdunkelte Überlieferung über eine Rasse feinstofflicher, ätherischer Wesen, «welche die oberen Regionen der Atmosphäre, das heißt den Olymp, bewohnten. Sie sind das nächste Glied in der ausgedehnten Kette der Geschöpfe aufwärts, das sich an die Menschheit anschließt. Sie lebten mit den Menschen in trauter Eintracht und sichtbarer Gemeinschaft...» Die Erben dieses Zeitalters besitzen daher noch immer um ihren Körper ein unsichtbares «Gewand aus verdichteten Lichtstrahlen des Äthers», das ihnen wunderbare magische Eigenschaften verleiht.

Dieser Glaube der Anhänger der Philosoophie des Paracelsus regte zweifellos die romantischen Dichter und Gelehrten an, die noch erhaltenen Sagen und Märchen des Volkes fleißig zu sammeln. Hier vermuteten sie nicht nur die Erzeugnisse einer ursprünglichen Phantasie, sondern auch echte Beobachtungen zur Naturkunde der anderen Welten: «Diese Helden, diese Liebesverbindungen mit Nymphen, diese Reisen zum irdischen Paradies, diese Zauberpaläste und Zauberwälder...»

Ähnliches zeigt Wieland in seinem Don Sylvio, der 1764 erschien. Wer an die Elementargeister des Paracelsus glaubte, suchte in den Sagen des Landvolkes einen Wahrheitskern: «Daher die unsichtbaren Jagden in den Wäldern; die Feen, die des Nachts auf den Fluren im Kreise tanzen; die freundlichen und boshaften Kobolde; der Alp, der die Mädchen drückt; die Berggeister, die Wassernixen, die Feuermanner...»

Auch die heiligen Schriften der Inder kennen eine Vielzahl von Welten, die der entsprechend eingestimmte Mensch gelegentlich zwischen Wachen und Traum wahrnehmen kann. Überall gibt es dort Tiere, die denen auf unserer Erde sogar einigermaßen entsprechen. Je nach Umgebung weichen sie aber im Aussehen von ihren irdischen Verwandten ab. Wesen, die auf uns märchenhaft wirken, sieht demnach der Mensch erst, wenn er Einblick in andere Ebenen der göttlichen Schöpfung bekommt.

In den wunderschönen Geschichten über Salomo, den König der Könige, berichtet uns die orientalische Überlieferung, wie der Paradiesvogel Humai dem weisen Herrscher über die verschiedenen Völker der Planeten und die Bewohner der sieben Himmel erzählt: «Die himmlischen Vögel haben ihre Welt so gut wie die Menschen die ihre.» Gelegentlich kommt es vor, daß sich ein Geschöpf «aus den oberen Regionen auf die Erde verirrt». Dann wird es von uns wie ein Wunder der Wunder angestaunt – dabei ist es in seinem eigenen Universum eine völlig gewöhnliche Erscheinung.

Die uralten Sagen dieser Art führten zu modernen Ansichten einer «Astro- oder Astral-Zoologie». Ganz eigenartige Wesen, ob sie nur in den Sagen vorkommen oder schon wirklich entdeckt wurden, «stammen von anderen Welten». Dort, irgendwo in Dschinnistan, in den Feenländern gibt es sie noch heute in Hülle und Fülle. Auch wenn sie bei uns völlig vernichtet werden, können sie «aus ihren Heimatländern jenseits unserer Wahrnehmung» wieder auftauchen und stoffliche Gestalt annehmen.

Von jungen Hippies aus dem Ural vernahm ich 1987 in Moskau: «Die Indianer und die sibirischen Eingeborenen glauben, alle Pflanzen und Lebewesen, die auf Erden ausgerottet werden, überleben im Reich der Ewigen Jagdgründe. Wenn es der Große Geist will, können sie auf unserer materiellen Welt von neuem aufleben.» Ich hoffe von Herzen, daß auch dieser moderne Glaube nicht nur ein schöner Trost ist.

Der ewige Jude und andere Zeitreisende

Gerade in den Alpen erhielten sich Geschichten über geheimnisvolle «Gäste», die mit den erfahrenen Einheimischen ihr Wissen austauschten. Zwischen dem Eis der Gipfel, «das in Jahrtausenden nicht schmolz», und den Sümpfen der Täler erhielten sich im Gebirgsland die Kräuter und Tiere verschiedener Zeitalter.

Um diese lebendige Chronik der Erdzeitalter zu erforschen,

kamen die «Venediger», «Ägypter», «Griechen» und «Rosenkreuzer», wie das Volk die fremden Gelehrten aus hohen Kulturen bezeichnete. Ein Sinnbild für diese geheimnisvollen Wanderer ist in den Ländern des Oberrheins der «Ewige Jude». Man schildert ihn bis in unser Jahrhundert als rüstigen Greis, «der trotz einem Dasein von Jahrtausenden nicht mehr altert und auch durch keinerlei Anstrengung ermüden kann».

Sein Gedächtnis ist vollkommen, und er vermag von den Menschen des Mittelalters und des Altertums zu berichten, als habe er sie erst gestern kennengelernt. Immer wieder wissen die Menschen zu erzählen, daß dieser unsterbliche Mann staunt, wie schwach doch das Gedächtnis der «gewöhnlichen Menschen ist, die mit ihren schweren Sorgen nur von Tag zu Tage leben». Nichts weiß der einfache Landmann, wenn er seinen Acker pflügt, von den stolzen Städten mit Marmorpalästen, die einst am gleichen Platz gestanden haben. Die Leute vergessen die uralten Sätze der Menschheitstradition, obwohl sie diese sicher bereits als Kinder hörten: Alles fließt, alles wandelt sich und – es ist nichts Neues unter der Sonne.

Wenn er einen Berg besteigt, fällt dem Ewigen Juden ein, was er bei seiner Pilgerschaft ohne Ende dort schon alles erblickte: Hohe Gletscher, den rauschenden Ozean, die Schlösser scheinbar allmächtiger Herrscher, «die bis zu den Sternen zu fliegen vermochten». Selbstverständlich weiß er auch von wundersamen Tieren und Pflanzen, «die es schon seit der Sündflut nicht mehr gibt». Auch ohne die modernen Wissenschaften Geologie, Paläontologie und Archäologie machten sich also die Menschen früher von den Wandlungen der Erdoberfläche eine sehr deutliche Vorstellung. Diese wurde auch angeregt, weil man Muscheln und seltsame Knochenreste in den Felsen fand, und darüber mit großen Wahrheitssuchern aus aller Welt reden konnte.

Gerade im Judentum erhielten sich zahlreiche Nachrichten über die wunderbaren Wesen der Schöpfung, wie wir sie aus verschiedenen Büchern der heiligen Überlieferung kennen. Auch gab es im Umkreis dieser Religion bedeutende Reisende, die gerade im Mittelalter weit herumkamen und vielerlei Berichte über wunderbare Wesen zusammenstellten. Viele Elemente aus den Geschichten dieser welterfahrenen Leute mögen in den Volksglauben eingedrungen sein. Solche Tatsachen haben wohl im Alpenraum dazu beigetragen, daß die Märchengestalt des «Ewigen Juden» noch immer so lebendig wirkt. Jeder vielgereiste und noch im Alter noch rüstige Jude, der von den fernen Ländern berichtete, konnte schließlich in den Augen der phantasievollen Talbewohner eine solche geheimnisumwitterte Gestalt sein.

Aus den Erzählungen, wie sie etwa von seinem Volk geglaubt wurden, faßt Micha Josef bin Gorion für uns zusammen: «Es wird erzählt, daß der Herr nach der Sprachteilung noch viele verwunderliche Wesen schuf, die ebenfalls in der ganzen Welt zerstreut sind... In der Gegend von Sitia (Skythia? S. G.) gibt es Menschen, die nicht mehr als ein Auge haben, inmitten der Stirn... In den Bergen Indiens leben Menschen, die hinten einen Schwanz haben und die von Menschensitte nichts wissen. Auch gibt es eine Art von Geschöpfen, die den Rumpf eines Menschen haben, aber den Kopf eines Widders; in der Mitte der Stirn haben sie ein Horn, das hell leuchtet. Wiederum gibt es eine Menschenart, die drei Reihen Zähne hat, einen menschlichen Kopf und einen Löwenkörper... In Sitia gleichfalls gibt es Wesen, die menschliche Angesichter haben, aber auf Pferdefüßen fliehen... Außerdem gibt es Geschöpfe, die zur Sommerzeit die Gestalt eines Wolfs annehmen... In Romania leben Menschen, die sich mit Fischhaut bekleiden...» Die Geschöpfe, die die alten Griechen als Zyklopen, Einhörner, Sphinxe, Kentauren, Najaden und Werwölfe bezeichneten – alle finden sie hier ihre deutliche Entsprechung. Auch hier beschäftigte man sich mit den Märchentieren schon darum so gründlich, weil man in ihren ungewohnten Gestaltungen die unendliche Schöpferkraft des Gottes der Bibel besser erkennen und bewundern wollte.

Unsere Vorfahren vernahmen also die übereinstimmenden Erzählungen über die märchenhaften Wundergeschöpfe aus den verschiedensten Quellen, von fremden Gästen, die wohl aus allen Windrichtungen kamen. Wir mir noch ein alter Oberländer um 1950 sagte: «Die Geschichten werden darum auf der ganzen

Welt so übereinstimmend erzählt, weil sie auf den gleichen Tatsachen beruhen. Es gab diese Tiere wirklich, zumindest im Zeitalter, das nach der Bibel zwischen dem Paradies von Adam und Eva und der Sündflut liegt.»

Der gleiche Mann war überzeugt: «Jedes dieser Geschöpfe ist ein Kunstwerk Gottes, das die Leute bis heute bewundern – warum würden sie sonst noch immer darüber erzählen und sie auch auf viele Arten abbilden? Werden nicht die alten Bücher, die zuverlässig über sie berichten, von Bauern und Bürgern als wahre Schätze aufbewahrt? Darum glaubt man bis heute, Gott habe die letzten dieser geheimnisvollen und unersetzlichen Gestalten irgendwo aufbewahrt, in irgendeinem verlorenen Land, zu dem der Pfad für uns fast vergessen ist.»

Seelenwanderung oder «genetische» Erinnerung

Frankreich erreichte im 17. und 18. Jahrhundert einen Höhepunkt seiner Kultur. Keiner, der sich heute mit Märchentieren beschäftigt, wird es versäumen, die Märchen und Meinungen zu studieren, die damals veröffentlicht wurden. Die «herbstliche» Stimmung des politischen Niedergangs, in der damals Königshof und Adel lebten, zwang unzählige Gebildete, zumindest geistig in Sagenwelten auszuwandern.

Der französische Dichter Alexandre Dumas war nicht nur bekannt für seine spannenden Abenteuerromane. Durch seine unermüdlichen Forschungen wurde er gleichzeitig zu einem wichtigen Zeugen der Kulturgeschichte, ohne den wir die unmittelbare Vergangenheit des heutigen Europa kaum zu begreifen vermöchten. So stellt er uns in seinem Werk Tausend und ein Gespenst den französischen Schriftsteller Alliette vor, zweifellos einen Vorläufer der phantastischen Dichtung, wie sie dann n E. T. A. Hoffmann ihren Höhepunkt erreichen sollte.

Dieser Mann, der unter dem Dichternamen Etteilla veröffentlichte, brachte vor der Revolution in Frankreich das Wahrsagen aus den Tarotbildern in Schwung. Was uns Dumas über ihn erzählt, erklärt uns vielerlei zum Geheimnis der damaligen «Magier» wie St. Germain oder Cagliostro. Bekanntlich verstanden diese die Fürstenhöfe mit ihren Geschichten zu unterhalten, in denen sie stets versicherten, sich an die Geschehnisse verflossener Jahrtausende «genau zu erinnern».

Wenn wir Dumas vertrauen, war gerade dieser Alliette überzeugt, der «Familie» dieser Unsterblichen zu entstammen. Der französische Schriftsteller schreibt darüber: »Wenn Sie ihn nach seinem wirklichen Alter fragen, ist er 265 Jahre alt. Er hat zuerst 100 Jahre ohne Gebrechen in der Zeit von Heinrich II. bis zu Ludwig XIV. gelebt. Dann machte er dank seines Geheimnisses, als er immerhin in den Augen der gewöhnlichen Menschen schon gestorben war, drei Veränderungen durch, jede in einem Zeitraum von 50 Jahren. Jetzt beginnt er die vierte und ist also nur 25 Jahre alt. Die ersten 250 Jahre zählen nur noch als Erinnerung. Er wird auf diese Weise, und er sagt es ganz laut, bis zum jüngsten Tag leben.»

In launigen Worten berichtet uns Dumas das Geheimnis der Esoteriker, der «Eingeweihten» des 18. Jahrhunderts. Die «Unsterblichen» leben nicht endlos, aber sie «erinnern sich» an Einzelheiten ihrer früheren Leben. Das Dasein zwischen Geburt und Tod ist für sie nur eine «Veränderung» oder «Verwandlung» (Metamorphosis) in der endlosen Kette der Seelenwanderungen. Die phantastischen Geschichten aus anderen Zeiten und Räumen wären demnach nichts anderes als eben Erinnerungen aus unzähligen früheren Besuchen auf unserer Erde.

Die Geheimwissenschaften haben sich damals mit solchen Dingen beschäftigt und versicherten, diese «Kunst», den Tod zu überwinden, gehe auf den griechischen Weisen Hermes zurück. Die entsprechenden Lehren der Theosophen haben in unserem Jahrhundert erwiesenermaßen den Geologen und Paläontologen Prof. Dr. Edgar Dacqué beeinflußt. Er war fest überzeugt, daß wir, dank den in uns fortlebenden Anlagen der Urahnen, deutliche Erinnerungen sogar von Zeitaltern besitzen können, die unzählige Millionen von Jahren zurückliegen!

Er verwies auf die erstaunliche Tatsache, daß wir dank der erhaltenen Bilder aus den verschiedenen Kulturen Darstellungen der Urzeiten besitzen, die sich sehr genau mit den naturwissenschaftlichen Erkenntnissen über diese Zeit decken. Geflügelte Drachen, Ungeheuer mit einem einzigen Stirnauge, Riesenmuscheln, mächtige Skorpiongeschöpfe und andere phantastische Wesen erscheinen in den Bildtafeln über die sagenhaften Zeiten in Hülle und Fülle. Sie stimmen, wie man heute weiß, erstaunlich genau mit den Resten vorzeitlicher Lebensformen überein, die wir dank den Ausgrabungen besitzen.

Die Ungetüme der alten Tierbücher wären demnach alles andere als erfunden. In ihnen spiegelt sich die gesamte Wirklichkeit der geologischen Epochen, die einst über unseren Planeten dahingingen. Sie leben noch immer im Gedächtnis des Menschen, weil unsere Vorfahren (die selbstverständlich ganz anders aussahen als wir!), ihnen begegneten.

II. Im Land der Drachen

Der Tatzelwurm unserer Gebirge

Wohl eins der geheimnisvollsten Geschöpfe des Alpenraums kennt man noch heute unter dem Namen «Tatzel- oder Stollenwurm». Das Wort Wurm wird hier zweifellos in seiner alten Bedeutung verwendet: es meint jedes kriechende Geschöpf, also eine Schlange oder sogar den Drachen.

Das Kerngebiet der Alpen, so das dichtbesiedelte Berner Oberland, gehört zur engeren Heimat des Tatzelwurms, aber im gesamten Alpenraum wissen alte Jäger und Hirten von ihm zu berichten. Es taucht schon in den Erzählungen von Bewohnern der Provence oder Savoyen auf, diesem alten Land der kühnen Ritterfamilien. Im Osten gehören zu seinem Verbreitungsgebiet Österreich und scheinbar sogar angrenzende kroatische und slowenische Gebirge.

Der Tatzelwurm wird sehr unterschiedlich geschildert! Übereinstimmung herrscht in der Meinung, daß er eben «Tatzen» besitze. Gelegentlich soll er fast einer Raupe gleichen und eine Reihe entsprechender Stummelfüße aufweisen. Dies soll ihm ermöglichen, einen beliebigen Abschnitt seines etwa men schenlangen Leibes aufzurichten. Gerade dank dieser Fähigkeit vermag er einen menschlichen Störenfried in die Flucht zu schlagen. Plötzlich sieht dieser, wie der ungewohnt-erschreckende Körper der Alpenschlange emporschnellt und mit den beiden Vorderpfötchen in der Luft herumfuchtelt.

Die Drachensagen ähneln sich auf der ganzen Welt.
Links, aus Amerika vor der Entdeckung durch Columbus, beschützt einer einen Mayakrieger; rechts eine Begegnung in den Alpen.

Die Erscheinung vollzieht sich angeblich fast immer so unerwartet und rasch, daß man den zahlreichen Zeugen dieses «Alpentiers, das es gar nicht gibt» eins nicht verübeln kann: Die Tatsache, daß sie meistens fortstürzen, ohne das Wesen genauer zu betrachten. Kam ein Gast noch um die Jahrhundertwende in ein Berggasthaus und wirkte auffallend bleich und verstört, flüsterten etwa die Einheimischen: «Der schaut drein, als habe er gerade den Tatzelwurm gesehen.»

Man behauptet sogar, daß man früher etwa im Bereich der einsamen Hochtäler die Leichen von unvorsichtigen Wanderern fand. Es gab erstaunlicherweise an ihnen keine einzige Spur eines gefährlichen Sturzes oder einer anderen Gewalteinwirkung. Auch da wurde vermutet: «Der unerwartete Schrecken hat sie getötet.» Niemand wußte genau, warum diese plötzliche und maßlose Angst die unglücklichen Opfer überfiel. Also vermutete man, daß dieses Entsetzen von einem Anblick stammte, der ihnen unversehens bei ihrer friedlichen Wanderung zustieß. Die verschiedensten, oft schon fast vergessenen Gebirgssagen sind bei jedem dieser Unglücksfälle neu aufgelebt, nicht zuletzt die Geschichten um den Tatzelwurm.

Dieses Geschöpf soll eben besonders durch sein traumhaft rasches Auftauchen gefährlich sein, nicht etwa durch Krallen, Reißzähne oder den sich ringelnden Schlangenleib! Obwohl es offensichtlich gerne Menschen erschreckt, berichten verhältnismäßig wenig Sagen, daß es einen Gast seines felsigen Reichs körperlich angegriffen habe.

Fällt ein Jäger oder ein anderer Bergsteiger wegen des fremdartigen Anblicks in Ohnmacht oder stürzt davon, stimmen viele Geschichten in der Fortsetzung seines unheimlichen Erlebnisses überein. Blickt er, dies auch nur Augenblicke später, auf den Ort des Spuks zurück, findet er ihn in der Regel leer. Nach seinem Versuch, mörderischen Schrecken zu verbreiten, zieht sich das gespenstische Tier wieder in sein unübersichtliches Geröll zurück. Es wirkt damit sichtlich wie ein Wesen der Träume.

Offenbar kannten also die Bergler aus Mitteleuropa das, was die Völker des Altertums als «panischen Schrecken» fürchteten.

Wir meinen damit unerwartete und den menschlichen Geist verwirrende «Begegnungen» der seltsamsten Art in einsamen Landschaften: Die Griechen und namentlich das Volk von Arkadien verbanden dies bekanntlich mit dem Zauber des Gottes Pan.

Es gibt im übrigen vereinzelte Berichte, nach denen der Tatzelwurm ein echtes und angriffiges Raubtier ist. Gelegentlich hat man zerrissene und halbverschlungene Körper von Schafen, die sich in bedeutende Höhen verstiegen hatten, mit dieser «Schlange mit dem Kopf einer Wildkatze» in Zusammenhang gebracht. Doch solche Berichte scheinen sich nie einer besonderen Beliebtheit erfreut zu haben. Irgendwie leuchtete es niemandem besonders ein, daß der Stollenwurm sich wie die «gewöhnlichen» Raubtiere ernähren soll.

Ein Wahrzeichen für Goldsucher

Der Tatzelwurm soll ein großer Freund der Musik sein. Die Magier und Schatzgräber benützen diese schöne Eigenschaft, um ihn zu beschworen.

Schon eher gefällt es den Berglern offensichtlich, das seltene Tier mit den einst in den Hochländern besonders beliebten Schatzsagen zu verbinden. In den Gegenden, wo der Tatzelwurm haust, soll es «vor Reichtum im Boden geradezu stinken»! Letzteres ist nicht etwa nur eine hübsche Sprachwendung: Vielmehr sind viele davon fest überzeugt, und die entsprechenden Lehren finden sich in volkstümlichen, gedruckten oder auch handschriftlichen Zauberbüchern: Wo in der Erde Schätze behütet werden, seien es im Boden selber entstandene oder auch von den Menschen vergrabene, «atmet man eine wahre Goldluft». Diese kann der Kenner mit einem «an einem langen Frauenhaar kreisenden» Pendel oder einer Wünschelrute erfühlen. Der Mann oder die Frau, die zum Schatzfinden geboren sind, spüren an den gleichen Stellen ein deutliches Kribbeln in ihren Gliedern oder sogar einen eigenartigen, mit nichts vergleichbaren Geruch.

Diese geheimen Kräfte, die solche verwunschene Stellen in den Bergen erfüllen, können demnach von einem «sichtigen» Wanderer in der Gestalt des wunderbaren Wurms wahrgenommen werden. Nach dem Volk der Schatzgräber, zu dem im Alpenraum ebenso Zigeunernomaden gehörten wie auch einheimische Hirten, können die geheimnisvollen Tiere die «Unkundigen» noch so erschrecken: Eigentlich aber sind sie Anzeichen für ein mögliches Glück! Würde man seine berechtigte Furcht vor dem Angriff der Katzenschlange überwinden, so wüßte man den Platz, an dem sich ein bedeutender Fund im Boden verbirgt.

Gelegentlich hat man sogar angedeutet, der Tatzelwurm sei sozusagen der Geist des Reichtums selber. Ein dunkler Fremder sei einst nach Adelboden gekommen und für einige Wochen bei einem Bauern abgestiegen. Dabei habe er dauernd in seinen Bart hineingelacht. Auf die berechtigte Frage nach dem Grund seiner endlosen Belustigung antwortete er, genau wie die Helden von ähnlichen Sagen: «Es ist lustig, wie sich die Leute hier dauernd über ihre Armut beklagen. Ich habe dagegen schon viele Menschen gesehen, die ihrem unfolgsamen Vieh Steine nachschmeißen, die mehr wert sind als alle Kühe im ganzen Tal.»

Gerade dieser Mann habe einmal mit allerlei seltsamen Meßgeräten und Wünschelruten den Boden einer feuchten Schlucht untersucht. Da sei unmittelbar vor ihm ein Stollenwurm aufgeschossen und habe ihn mit seinen rollenden Augen angeblickt, «so daß unsereinem darob das Herz in der Brust stehenbleiben würde». Doch der Fremde, es soll ein Herr aus Venedig gewesen sein, benützte den Augenblick, als habe er nur auf ihn gewartet: Schon hatte er seinen breiten Hut in der Hand und warf ihn mit voller Kraft auf den Kopf der zischenden Schlange. Es gab einen Knall, und der Tatzelwurm verschwand, als sei er nichts anderes als ein Alpdruck gewesen. An der Stelle in den Felsen, aus denen das Wesen erschienen war, sah man es golden aufglänzen: Der Mann aus Venedig grub nach, und er soll wirklich «Stein-reich» geworden sein.

Alfred Bärtschi, einem Lehrer aus Adelboden, verdanke ich eine hübsche Geschichte, die ebenfalls noch vor dem ersten Weltkrieg im Wallis geschehen sein soll: Ein bekannter Tierkundiger aus Jena wurde von einem einheimischen Jäger aufgefordert, in ein Gebirgstal zu steigen, in dem es mehr als einen der geheimnisvollen Stollenwürmer geben sollte. Der Mann war seiner Sache scheinbar so sicher, daß er dem zweifelnden Fremdling die Wette um einen recht hohen Betrag vorschlug. Doch der Zoologe aus Jena antwortete dem Mann aus den Alpen, indem er hinter dem Lachen seinen Ernst verbarg: «Das Tier kann es gar nicht geben, weil es nach allen Naturgesetzen, die wir jetzt erforscht haben, eine Unmöglichkeit ist.»

Drachenheimat Alpen

Auch die Flugsaurier, die es in der Jura- und Kreidezeit wirklich gab, feiern heute ihre Auferstehung – zumindest in phantastischen Filmen. Sie wirken wie aus alten Drachengeschichten wiedergeboren.

Die Begründer vieler Reiche waren große Drachenkämpfer. Der Donnergott selber oder seine irdischen Söhne sollen dem Geschlecht der Riesenechsen die Welt entrissen und für unser Geschlecht bewohnbar gemacht haben. In Indien ist es Indra, bei den Griechen Herakles, der Sohn des Blitzeschleuderers Zeus.

Doch die Drachenbegegnungen im Licht der Geschichte hörten nicht etwa im Altertum auf, als Alexander von Makedonien Tyros erstürmte – und dabei ein Ungetüm schaute! Die Barbarenvölker, die von Osten her das Römische Weltreich überrannten, erneuerten den Glauben an die Seeungetüme und an die geflügelten oder feuerspeienden Höhlenschlangen. Sigfried von Burgunden kämpft ebenso mit Ungetümen wie der Gote Dietrich von Bern oder auch der starke Ilja von Murom, der oberste Held der Tafelrunde der Stadt Kiew.

Wenn ein Volk überzeugt war, seine Ahnen hätten ihre Heimat den Drachen entrissen, so wollte es damit sagen: ihr Land habe ihnen seit Urzeiten gehört. Es seien ihre Vorfahren gewesen, die sich gegen gespenstische Gefahren durchsetzen und ihre Umwelt in Besitz nehmen konnten. «Es heißt immer», so sagte mir noch ein Bergler oberhalb des Fremdenorts Interlaken, «die Menschen hätten früher ihren Boden der Wildnis entrissen, ihn urbar und wohnlich gemacht. Erst heute versteht man darunter, sie hätten dabei Sümpfe ausgetrocknet oder den Wald gerodet. Sie mußten sich dabei aber vor allem gegen Mächte durchsetzen, die noch aus vorsündflutlichen Zeitaltern stammten. Sie brauchten dazu eine Stärke von Körper und Geist, wie wir sie uns heute kaum noch vorstellen können.»

Der Chronist Hans Rudolf Grimm (1665–1749) war für mich stets ein entscheidend wichtiger Zeuge für das allgemeine Wissen, das zu seiner Zeit noch im «einfachen» Volk lebte. Die Drachen zählt er ohne Bedenken unter den bekannten Tieren seines Landes auf! Da er die Wasser in den geheimnisvollen Alpenseen noch auf die Sintflut zurückführt, war es damals sicher einfach, die Herkunft der beschuppten Ungetüme zu erklären: Sie waren Überreste einer noch verhältnismäßig jungen Schöpfung. Man war überzeugt, daß diese Urwelt in abgelegenen Gebieten, eben in unmeßbaren Wassertiefen und unerforschbaren Höhlen bis heute weiterbestand.

Im Schauspiel Tell von Friedrich Schiller versichern die Bergler, um damit ihr Recht auf die Heimat gegen alle fremden Eroberer zu verteidigen: Ihre Ahnen hätten die Brut des Drachen erschlagen, die giftgeschwollen aus den Sümpfen gegen die ersten Siedler angeschlichen kam! Daraus entstamme ihr Besitzrecht über ihr schönes Gebirgsland.

Schiller hat zweifellos echte Alpensagen verwendet, wie sie seit Ende des Mittelalters gedruckt wurden und sich überall wachsender Beliebtheit erfreuten. Der Chronist Etterlin von Luzern redet von einem «guten, redlichen Mann», den er Strutan Winkelried nennt. Das Gebirgsland Unterwalden macht er bewohnbar, indem er einen mächtigen Drachen erledigt. Er erlebt nach seinem Kampf den Opfertod, weswegen ihn die Sage bis in die Gegenwart preist.

Nach dem Sieg über das Ungetüm erhebt er seinen Arm mit dem Schwert. Da rann das Blut und der Schweiß des Drachen, die nach dem Volksglauben für unsereinen mörderisch giftig sind, auf die «bloße Haut» des Helden. «Da mußte er auch sterben.» Diese Urgeschichte galt offenbar dem Volk als Einleitung in seine eigene Geschichte: Der unmittelbare Nachkomme des Drachentöters, Arnold von Winkelried, soll sich in der Freiheitsschlacht von Sempach hervorgetan haben. Durch seinen Opfertod, den man mit dem seines fernen Ahns verglich, soll er die Unabhängigkeit der drei Alpenländer Unterwalden, Uri und Schwyz erstritten haben.

Wenn man also früher an die «Unbesiegbarkeit» der Alpenvölker glaubte und sie als Söldner bevorzugte, so nicht nur, weil man sie für kühne Gebirgsjäger hielt: Man war überzeugt, daß sie ihr Gebiet den Drachenschlangen entrissen hatten, die seit der Sintflut und dem Urvater Noah in unzugänglichen Schluchten überlebt hatten.

Saurier machen Weltgeschichte

St. Beatus befreit am Thunersee die Alpen vom «Drachengezücht».
Legenden dieser Art setzen die alten Chronisten sehr gern
an den Anfang von neuen Zeitaltern.

Die alte Geschichte unserer Länder, so wie sie uns die Chronisten und Sagenerzähler berichten, war ohne Helden und Drachenkämpfe gar nicht denkbar. Wenn man die entsprechenden Berichte von Europa bis China zusammenstellen würde, käme man zum erstaunlichen Ergebnis: Ohne die Siege über das «Gewürm der Urzeit» gäbe es die wichtigsten menschlichen Reiche und Städte gar nicht...

Als «Apostel der westlichen Alpen» galt, zumindest zur Zeit meiner Kindheit, der heilige Beatus. Man sagte von ihm, er sei ein irischer Königssohn, der schon im ersten christlichen Jahrhundert (!) über die Berge an den Thunersee zog. Als seine gewaltigste Tat, die dem neuen Glauben das Tor in die Täler des Oberlandes aufsprengte, gilt noch immer die Vertreibung des Drachen aus den Höhlen des Beatusberges. Der Heilige soll dabei aus seinem festen Glauben heraus die machtvollen Worte «Weich Drache!» gesprochen haben: Aus diesem Grunde nennt sich noch immer ein Dorf im Aaretal «Wichtrach», so zumindest will es das Sprachgefühl des einheimischen Volkes.

Der Beatusberg enthält nun tatsächlich den Eingang zu einem sehr ausgedehnten Höhlensystem. Einige haben deshalb bis in die Gegenwart geglaubt, der Drache sei gar nicht «fortgeflogen», sondern er habe sich in das Labyrinth der unterirdischen Gemächer «verkrochen». Darum soll man auf der benachbarten Alp Seefeld «gelegentlich noch heute» ein Grollen und Donnern aus der Tiefe vernehmen. Im übrigen vermutete man, daß die umfangreichen, teilweise von Wassern durchzogenen Gänge uns einen Schlüssel zum Entstehen der ganzen Sagen vom «Drachengezücht» liefern. Die neugierigen Menschen hätten hier irgendwelche Reste von vorgeschichtlichen Geschöpfen gefunden – und in ihnen «Drachenknochen» gesehen.

Die Stadt Burgdorf, in der ich 1957–1968 als Bibliothekar wirkte, führt ihre Gründung auf einen Drachenkampf zurück. Um die Zeit des Kaisers Karl des Großen seien «ostfränkische Fürsten und Grafen in das Schweizerland kommen». Unter diesen seien auch die Herren von Lenzburg gewesen, an deren Macht sich vom Aargau aus die letzten Stürme der Völkerwanderung brachen. Sie besiegten nun um das Jahr 770 den Drachen, der am lange unbezähmbar wilden Alpenfluß Emme hauste, wie wiederum der Chronist und Geschichtenerzähler Hans-Rudolf Grimm (1665–1749) weiß: «In den nächsten Bergen, so man die Geissenau oder Gysenau nennt.»

Diese sehr seltsam gestalteten Flühe galten im übrigen bis in die Gegenwart als Eingänge zur Unterwelt und zu deren Bewohnern. Einige vermuteten hier ein Tor zur Hölle, andere zu geheimnisvollen Elementarwesen, «mit denen die Zauberer und Hexen eine dicke Freundschaft pflegen». Noch in den fünfziger Jahren versammelten sich hier bei Mondschein junge Menschen, erzählten sich wilde Geschichten und ließen sich von einem Zigeunergeiger die «Musik nach alter Art» vorspielen.

Meine Großmutter erzählte mir ähnliche Geschichten um die Gründung der Stadt Kiew in der Ukraine. Der Held Tschurilo soll hier ebenfalls einen fliegenden Drachen besiegt haben. Lange zeigte man die Höhle des Ungetüms. Auch hier sah man übrigens in den gefundenen Knochen einen Beweis für die Wahrheit der Geschichte. Dies versichert uns auf alle Fälle der Dichter Wasilij Lewschin (1746–1826), der Verfasser der Russichen Märchen.

Gerade Kiew galt aber nach Michail Tschulkow (1734–1792) als Ort, wo stets die «obersten Hexen» hausten, die sogar die Kunst beherrschten, sich in Tiere zu verwandeln. Die mächtigste und wildeste in ihrem Kreis habe deshalb immer «die Hexe von Kiew» geheißen. Das war sozusagen ihr stolzer Ehrentitel.

Gerade an diesen paar Beispielen, die ich alle auch mündlich vernehmen durfte, finden wir eine übereinstimmende Tatsache. Die Orte der Drachenkämpfe gelten in Ost und West als Plätze, deren ganzes Umfeld von machtvollen Kräften erfüllt ist. Der Drache, der vom Volk oft mit Wildbächen und Stürmen verglichen wird, erscheint geradezu als Verkörperung der fast unbezähmbaren Mächte. Die Hexen und Zauberer wußten davon und konnten sie für ihre Zwecke nutzen.

Sehr deutlich wird dies in der Geschichte über die Eroberung der Stadt Kazan, die im 16. Jahrhundert eine wichtige Rolle im ewigen Kampf Moskaus gegen die Tataren spielte. Einige ostslawische Historiker werten dieses Ereignis sogar als Entscheidung bei der Abwehr der damaligen Nomadenwanderungen, die über den Fluß Wolga kamen und ganz Europa bedrohten.

Kazan war eigentlich uneinnehmbar, so erzählt uns ein Zeitgenosse und Augenzeuge (!) des Vorfalls. Der Grund lag darin, daß ihre Bewohner am Platz einer alten Burganlage einer meist unsichtbaren «feurigen Schlange» opferten. Von weither kamen hierher die Magier «wolchwy», um von dem Drachen, der durch seine Priester redete, «schrezy», guten Rat zu erhalten. So gefährlich das Wesen für die Feinde der Stadt war, so liebenswürdig zeigte es sich gegenüber seinen Freunden. Es heilte sie sogar im Fall schwerer Krankheiten.

Kazan konnte erst erobert werden, als der Drache «fortflog», weil er dem Glauben der christlichen Eroberer nicht standzuhalten vermochte. Die Wunder-Ikone der «Gottesmutter von Kazan», die den Sieg bewirkte, gilt darum bis heute als eins der wichtigen Heiligtümer der griechisch-russischen Landeskirche.

Der Drache ist nicht nur in den ostasiatischen Traditionen ein wunderbarer Träger der Heilkraft, in den europäischen Sagen macht sein Blut sogar unverletzlich.

Auch in China, in der Mongolei und in Korea verkündet jedes Erscheinen eines Drachen gewaltige Ereignisse. Da das ebenso furchterregende wie geheimnisvolle Geschöpf im Osten eher als glückbringend gilt, wollte man die entsprechenden asiatischen Sagen von denen in Europa abgrenzen. Doch auch in unseren westlichen Ländern kann die Urkraft, die sich in Gestalt der flammenden, fliegenden, in allen Farben aufglänzenden Riesenschlange zeigt, gelegentlich vorwiegend Gutes bringen.

Die Helden, die einen Drachen besiegen, machen damit nicht nur das Land für den Menschen und seine Haustiere bewohnbar. Der Platz, der vom Riesenreptil befreit ist, soll von nun an besonders günstige Energien ausstrahlen. An den Orten, an denen einst der «grimmige Wurm» hauste, sollen oft Jahrhunderte später zahlreiche Pilger von ihren leiblichen und seelischen Leiden befreit worden sein. Delphi, wo der Sonnengott Apollo das Ungetüm Python bezwang, galt als das Heiligtum für alle griechischen Stämme, das jedem Besucher Hilfe schenken konnte. Siegfried wurde durch das verströmende Drachenblut fast unverletzlich.

In der Volksmedizin wird diesem Blut des Feuertieres eine Vielzahl von günstigen Eigenschaften zugeschrieben. Die Felder gedeihen dort am besten, wo sie mit diesem Saft voller Energien in unmittelbare Berührung gekommen sind. Die Pflanzen, die nun dem Boden entsprießen, vertreiben Krankheiten. Wundsalben mit solchen Bestandteilen schätzten die Krieger über alles: Wurden sie auf schwere Verletzungen aufgetragen, schlossen sich diese angeblich «über Nacht».

Schon im Altertum gehörte der «Drachenstein» (Draconit) zur Medizin. Er soll sich im Kopf des Drachen herausbilden und gilt als eine wichtige Beute für den glücklichen Sieger. Ähnliches lesen wir in den ziemlich neuen Sagen über den «Schlangenstein». Er findet sich auch hier vielfach im Schädel des Märchentiers. Manchmal bildet er dessen wunderbar strahlendes Stirnauge. Gelegentlich glänzt er aber inmitten der Goldkrone, die das märchenhafte Geschöpf als Zeichen seiner geheimnisvollen Königswürde häufig auf dem Haupte trägt.

Es gibt zahlreiche Berichte über diese Drachensteine, die (etwa gleich den «Einhorn-Hörnern»!) einst zu den wertvollsten Besitztümern der Mächtigen und Reichen gehörten. Wer ihn erwarb, dem vertrieb er nicht nur die Krankheiten und die Wirkung von Giften. Kaiser Karl der Große soll ihn für Liebeszauber verwendet haben. Auch den Reichtum konnte er für seinen Besitzer «anziehen», wie ein Magnet die Eisenspäne.

Einer der bekanntesten Drachensteine ist derjenige aus dem Alpenländchen Luzern. Ein Bauer Stempfli aus Rothenburg war gerade am Heu machen, als er ein feuriges Schlangenwesen vom Berg Rigi zum Pilatus fliegen sah. Der Dunst, der dabei entstand, vernebelte dem Mann die Sinne, und er verlor sein Bewußtsein – wie es nun einmal häufig bei den Erscheinungen der Wundertiere vorkommt. In einer Blutlache neben sich entdeckte er nachträglich den kugelrunden Drachenstein.

Dies geschah nach dem Zeugnis von R. Cysat im 15. Jahrhundert. Der Stein wurde zum Familienschatz der Stempfli, die schon bald seine Schutzwirkung entdeckten. Dann wechselte er mehrfach den Besitzer, wurde aber immer begehrter. Bald versuchten sogar die verschiedenen europäischen Herrscher das einzigartige Heilmittel zu gewinnen – doch vergeblich. Ein Drachenstein war nun einmal in der Regel für keinen Geldbetrag zu kaufen! Sogar wenn die Ärzte bei einem Kranken keinen Ausweg mehr wußten, wenn das heilige Sakrament der letzten Ölung bereits verabreicht war, konnte er noch retten...

Dauernd gab es Versuche, den seltsamen Stein irgendwie naturkundlich zu erklären. Gelegentlich deutete man ihn als einen Meteoren, und Kappeler wies 1767 darauf hin, daß das Volk vielfach die Feuerkugeln am Himmel «fliegende Drachen» nennt. Es gab auch die Vermutung, er sei künstlich hergestellt worden. Dieser geheimnisvolle Gegenstand ist ein hübscher Steinball, der durch genaue Zeichnung in drei Zonen eingeteilt ist. Die beiden Pole sind dunkler als der mittlere Gürtel. Dieser wird von sechs seltsamen Flecken belebt. So schilderte das Wunder bereits im 18. Jahrhundert der berühmte Naturforscher J. J. Scheuchzer.

In seiner Seminararbeit zur Religionsethnologie führt Lukas Barmettler den Beweis, daß von der Drachenkugel erhöhte Strahlung ausgeht. Dieser Student vermutet: «Wie aber konnte man vor 500 Jahren Radioaktivität erkennen? Und da man scheinbar doch von ihr wußte, liegt ihre bewußte Anwendung so fern?»

Der gleiche junge Forscher stellte 1986 fest: «So gab die Frau an der Kasse des Naturmuseums Luzern (in dem sich das geheimnisvolle Ding heute befindet, S.G.) flüsternd zu verstehen, daß da Leute kommen, die sich vor dem Drachenstein verneigen oder gar hinknien.» So kann man auch hier das Kapitel über die Wundertiere und ihre Kräfte noch heute nicht abschließen.

Basilisk, König über sämtliche Gifte

Wohl das gefürchtetste aller Märchentiere ist und bleibt der Basilisk. Auch sein Name stammt aus der altgriechischen Sage und Naturkunde und bedeutet «kleiner König». Noch heute gilt er dem Volksglauben als Herrscher aller Schlangen und des gefährlichen Gewürms, sogar der feuerspeienden Drachen. Als Zeichen seiner Würde trägt er nach einigen Berichten eine Goldkrone auf seinem Haupt.

Angeblich sollen die Basiliske nie aus natürlichen Verbindungen von männlichen und weiblichen Geschöpfen entstehen. Ebensowenig pflanzen sie sich wie andere Wesen fort. Paracelsus, der große Kenner aller Überlieferungen der Renaissance, versichert: «Der Basiliskus ist ein Monstrum über alle Monstren, denn keines ist mehr zu fürchten...» Demnach hätten wir hier ein Ungetüm, eine «Mißgeburt», die sogar noch den schrecklichsten Wesen Entsetzen einjagt.

In einer weitverbreiteten Geschichte ist der Vater des Basilisk ein Hahn mit dem hohen Alter von 14 oder 21 Jahren. Nach und nach verliert er seine Männlichkeit, und auf einmal legt er, als wäre er ein Huhn geworden, auf einen besonders warmen Platz ein seltsames Ei, das «dotterlose» Basilisken-Ei. Entweder genügt zum Ausbrüten nun eine geheimnisvolle Hitzeeinwirkung, oder der mit Giften erfüllte Gegenstand zieht wesenverwandtes Getier an. Häufig glaubte man, eine Kröte setze sich auf das unheimliche Ding «wie ein Vogelweibchen auf sein Nest».

Häufig sollen die Alchimisten und ähnliches Volk, die der Naturkunde der alten Völker nachgingen, einen Basilisken künstlich erschaffen haben, um das zu erhalten, was Paracelsus «Gift über alle Gifte» nannte. Die Stärke des Basilisk ist dem großen Arzt zufolge so unglaublich, daß ihm «in der (ganzen) Welt keines gleichen mag».

Etliche Plätze der Erde sollen durch Basilisken, nämlich durch deren alldurchdringende Gifte in ihrem Atem und ihren Augenstrahlen, unbewohnbar gewesen sein. Erst einem guten Magier oder Helden sei es gelungen, diese schlechten Einflüsse zu beseitigen und damit die Orte für Mensch und Getier zu erschließen. Sogar die Stadt Basel am Rhein soll ihren Namen von einem Basilisken besitzen, der aus einem Hahnenei gekrochen war.

Entsprechend seiner Entstehung ist der Basilisk ein Fabeltier, das man in den Büchern der Naturkunde mit recht abweichendem Aussehen abbildete. Manchmal ist es ein stolzer Hahn mit einem langen, schuppigen Schlangenschwanz, dann überwiegt in seinem Aussehen wieder die Kröte oder die Eidechse. Genau hat ihn offenbar keiner gesehen, weil schon sein Blick auf Entfernung zu töten vermochte. Auch verkroch sich der Wurm mit dem Hahnenkamm, kaum aus dem giftigen Ei gekrochen, sofort in Höhlen, Keller und vor allem in Brunnenschächte, von denen durch die schrecklichen Dämpfe unheilbare Seuchen ausgingen.

Seit der Zeit Hildegards von Bingen bis heute vernehmen wir ziemlich übereinstimmend: Wenn der Basilisk auf einem Acker oder Weinberg stirbt, so werden diese gründlich unfruchtbar. Tut er es in einem Haus, werden dessen Bewohner, auch die Tiere, schwach, hinfällig und Ansteckungen ausgesetzt. Wer das Basiliskengift in sich trägt, dem fallen, bevor sein Tod eintritt, zuerst die Haare aus, und der ganze Leib verliert seine helle Farbe. Sogar der Ausbruch der furchtbaren Geschlechtskrankheit Syphilis wurde gelegentlich als eine Ausbreitung von Basiliskengift gedeutet.

Um ihn herum verdirbt und verdorrt das grüne Gras, sogar Gestein zerspringt, und unfruchtbare Wüsten breiten sich aus. Doch nach dem heiligen Albertus Magnus sollen die weisen Alten sogar diese Wirkungen zu nutzen gewußt haben. Sie streuten etwas Asche des Basilisk in ihre Tempel, «damit sie sauber und rein blieben von allem Ungeziefer und giftigem Gewürm.» Die alles Leben zerstörende Wirkung wurde also verwendet, um die Räume gleichsam zu sterilisieren und alle unerwünschten Schädlinge zu beseitigen.

Den Basilisk kann man nur besiegen wie im Altertum der Held Perseus die alle Wesen mordende Gorgo Medusa: Man muß ihm eine spiegelnde Fläche entgegenhalten! Dann prallen seine giftigen Ausstrahlungen auf ihn selber zurück und vernichten ihn, der sonst fast unzerstörbar ist.

Die Beschäftigung der alten Naturwissenschaft mit dem Herrn der Gifte scheint uns geheime Kenntnisse zu verraten, deren Mißbrauch man befürchtete. Paracelsus berichtet uns von der giftigen Strahlung gewisser Erzvorkommen, deren unsichtbare Wirkung sogar den Pflanzenwuchs an der Erdoberfläche erschreckend veränderte. Kommt auch das vielfach abgebildete Aussehen des Basilisk als einer Huhn- oder Schlangen-Mißgeburt aus solchen Beobachtungen? Gerade in der Nähe von radioaktiven Orten, so wird heute in Rußland versichert, werden nicht selten solche «widernatürlichen» Geschöpfe geboren...

Der Tierkenner Gesner berichtet, wie zu seiner Zeit «Apotheker und andere Landstreicher» aus getrockneten Rochenleibern Basilisken zu basteln wußten. Diese Kunstgeschöpfe hingen noch gelegentlich im 19. Jahrhundert in den Stuben von Alpenärzten und anderen ländlichen Heilern und Hexen. Ihnen gegenüber befestigte man gern das Bild des Einhorns, oder auch ein Stück «seines echten Horns». Beide Fabeltiere rahmten sinnbildlich alle Wirkstoffe der Natur ein: Das eine war «das Gift der Gifte», das andere das Mittel, das alles Zerstörende durch seine «reine» Ausstrahlung in Heilkraft zu verwandeln vermochte.

Die lernäische Hydra besitzt sieben Häupter

Ohne den Drachen ist die mittelalterliche Kunst undenkbar. Zwei typische Darstellungen auf Wappen, dazu ein Märchenreptil auf dem Grabstein des skandinavischen Königs Gore.

Auch im Zigeunermärchen kämpft der heldenhafte Kaisersohn (bogatyr-zarewitsch) mit einer Schlange, die sieben gekrönte Häupter trägt. Wie Herakles, der Sohn des Donnergottes, erkennt er, daß es völlig sinnlos ist, die Köpfe abzuschlagen: In wenigen Augenblicken wachsen sie nach.

Endlich rät ihm sein weißes Roß, sein Schwert in den Flammen zu stählen und so dem Ungeheuer ein Haupt nach dem anderen «wegzubrennen». Der Drache verzieht sich – und der Königssohn gewinnt einen Schatz, sieben Königreiche und eine Prinzessin, «die schöner leuchtet als der Vollmond».

In der indischen Welt der Göttersagen ruht der Gott Maha-Vishnu auf einer gewaltigen Wasserschlange, die sich auf dem Weltenmeere ringelt. Sie besitzt auf vielen Darstellungen sieben gekrönte Häupter, die sich über dem «allwissenden» Haupt der schlafenden Gottheit in die Höhe recken, gleichsam deren schützenden Schirm bildend. So kann Vishnu ungestört unsere Welten träumen – die eben nicht viel anders sind als seine Traumbilder…

Die sieben Häupter des Königs aller Schlangen und Drachen sollen die sieben Urkräfte bedeuten, aus deren endlosen Energien fortlaufend «alles, was wir wahrnehmen können» entsteht. Hier liegt zweifellos ein verwandtes Sinnbild der Schöpfung vor, wie wir es aus den sieben biblischen Tagen der Weltenentstehung oder auch aus den sieben Sternenkräften der griechischen Philosophen kennen.

In den alten Büchern über die Wundertiere, die das märchenliebende Volk so lange als zuverlässige Tatsachenberichte ansah, finden wir nun tatsächlich eine siebenköpfige Schlange mit Kronen abgebildet. Sie wird hier mit der Hydra der griechischen Überlieferung verglichen – und sogar der «lernäischen Hydra» gleichgesetzt, mit der Held Herakles einen seiner schwierigsten Kämpfe bestehen mußte.

Ein solches Ungetüm soll 1530 nach Europa gebracht worden sein und erregte selbstverständlich viel Staunen. Der Naturforscher Gesner versichert uns, das Ungeheuer sei damals aus der Türkei nach der Seestadt Venedig gekommen. Man habe es da «öffentlich gezeigt», und es ging dann als Geschenk an den französischen König. Verschiedene Verfasser sehen darin «nur» ein politisches Sinnbild: Durch die beginnenden europäischen Religionskriege entfremdeten sich die Herrscher dem christlichen Glauben. Die orientalischen Sultane galten nun immer weniger als Erzfeinde, und die christlichen Könige suchten vermehrt nützliche Verbindungen und Bündnisse mit ihnen.

Wir dürfen aber nicht vergessen, daß im 16. Jahrhundert die Türkei einfach mit dem Morgenland gleichgesetzt wurde. Möglicherweise haben wir auch in der Geschichte von der Wanderung der siebenköpfigen Königsschlange über Venedig nach Paris einen Hinweis auf die damalige Kulturbewegung: Europa zitterte nicht nur vor den islamischen Heeren, die bis Wien vorstießen. Viele Märchen und Künste wanderten von Persien und Indien auf dem gleichen Wege zu uns. Einheimische Philosophen, Astrologen und Alchimisten versuchten all die «Zigeunergeschichten» zu verstehen, indem sie diese mit den ihnen bekannten antiken Überlieferungen verglichen.

Dadurch entsteht während der Renaissance die Welt scheinbar neu und wird als Bühne für zeitlose Märchen erlebt. Die großen Seefahrer sehen sich als Nachkommen und Erben der griechischen Kapitäne, der Gefährten des Odysseus und der Argonauten. Sie wollen all den Ungetümen und «Geschöpfen der Elemente» begegnen, von denen die uralten Geschichten mitzuteilen wußten. Die Tatsachenberichte, die sie über ihre verwegenen Fahrten verfaßten, werden gelegentlich unterbrochen von Schilderungen, die aus ganz anderen Zeiten zu stammen scheinen. Man hat die unglaubliche Lust nach Abenteuern, die das 15. bis 18. Jahrhundert erfüllte, allein durch Gier nach Ruhm und Bereicherung erklärt. Eine sachliche Auffassung sieht hier einfach eine Folge der wirtschaftlichen Bedürfnisse, die sonst nicht zu befriedigen gewesen wären: Die islamischen Türken (und die mit ihnen verbündeten Tatarenvölker) beherrschten Nordafrika, den Balkan und das Schwarze Meer. Europa, das sich so sehr nach den seltenen Waren und alten Weisheiten von Asien sehnte, suchte nach immer neuen und direkteren Wegen, um zu diesen Schätzen zu gelangen.

Es scheint mir aber, daß die Matrosen und deren Kapitäne vor allem durch die phantastischen Seegeschichten ihrer Kindheit von den Fernen und Weiten zu träumen gelernt hatten. Die antiken Geschichten und Bildwerke, die während des ausgehenden Mittelalters volkstümlich geworden waren, machten die Geschöpfe der uralten Märchenträume nun fast wieder zu naturwissenschaftlichen Tatsachen. Man suchte nach den Küsten, in deren Wäldern und Sümpfen die Zeit sozusagen stillstand, wo Einhörner, feuerspeiende Drachen und vielköpfige Schlangen noch immer aus dem Schilfdickicht blicken konnten.

Nach der Wiederentdeckung der alten schriftlichen Quellen entfesselte sich die menschliche Phantasie. Alles schien wieder möglich, zumindest in fernen Reichen, die es neu zu entdecken galt: Wie der Sturm im Frühling gingen nun während der Renaissance phantastische Bilder durch die Welt. Unter ihrem Einfluß erwachte in Dichtern und Denkern der schöpferische Geist zu neuer Blüte.

III. Die Seeschlange hütet das Mysterium der Meere

Die Midgardschlange bäumt sich auf

In Skandinavien, wo seit jeher Seefahrer und Waljäger ausfuhren, war die gewaltige Seeschlange eine Selbstverständlichkeit, ein Bestandteil der Schöpfung. Die Schriften der Edda, die bekanntlich in vorgeschichtliche Zeiten reichen, kennen die «Midgardschlange». Sie umschlingt den Erdteil, den wir Menschen bewohnen: Sie hindert die Bewohner dieser «Mittleren Welt» (Midgard) daran, sich in unbekannte Weiten vorzuwagen.

Sogar der Donnergott Thor, der die Lebewesen unserer bewohnbaren Erde beschützt, kann den «Wurm» nur mühsam in die unerforschbaren Tiefen bannen. Wenn sie sich in immer wilderen Stürmen aufbäumt, steht das Ende der Welt, zumindest eines ihrer Zeitalter, unmittelbar bevor. Sie ist die Verkörperung all der Geheimnisse und auch der unbekannten Gefahren, die noch immer in den Meeren lauern. Haben die skandinavischen Seefürsten, die Wikinger, die diese Sage so sehr liebten und verbreiteten, ihre Midgardschlange für ihre politischen Zwecke gebraucht? Sie fuhren schließlich im Mittelalter durch die Weltmeere und erreichten bekanntlich sogar die amerikanischen Küsten. Die Schilderungen der Schrecken im Meer, die sie verbreiteten, ließen ihren Wagemut als grenzenlos erscheinen. Auch wagten sich die Matrosen der übrigen Länder kaum noch vom festen Erdboden weg in die unsichere Ferne – ihre Schiffe schlichen schüchtern den sicheren Küsten entlang. So waren die Wikinger durch Jahrhunderte die unbestrittenen Herren von einzigartigen kriegerischen und kaufmännischen Unternehmungen...

Die Vorstellung von den gewaltigen Schlangen der unermeßlichen Tiefen als magische Wesen, als Auslöser von gewaltigen Naturkatastrophen, ist in Skandinavien noch immer fest verwurzelt. Ihr Erscheinen galt noch während der Reformation als sichere Ankündigung von politischen Umwälzungen, blutigen Kriegen oder dem Sturz von Königsgeschlechtern. Die Größe der Schlangen veränderte sich in der Vorstellung der Leute bis in die Gegenwart kaum. Auch für den berühmten Bischof Olaus Magnus, diesen Kenner der damaligen skandinavischen Sagen und der Naturkunde des Nordens, war das Ungetüm 200 Fuß lang und 20 Fuß dick.

Noch im 18. Jahrhundert glaubte Bischof Pontoppidan, der Beweis für die Existenz dieses Geschöpfs des Schreckens sei dank zuverlässiger Zeugenaussagen fast lückenlos erbracht worden. Mit der einem echten Forscher eigenen Gründlichkeit verfolgte er die entsprechenden Berichte mit Skepsis. Doch die Zahl der Zeugen war so erdrückend, daß mit den Jahren alle seine Fragezeichen verschwanden. Unter den erfahrensten Seeleuten und Fischern seines Landes fand er «viele Hunderte», die das Ungetüm selber beobachtet hatten. Er staunte, wie sehr sich die Erzählungen dieser Art bis in die kleinsten Einzelheiten gegenseitig bestätigten.

In der Hafenstadt Bergen, so berichtet er von den besten Kennern der nordischen Meere, galt es als eine Schande, über etwas so Bekanntes und Selbstverständliches wie die Seeschlange viel Worte zu verlieren. Die Leute hier fanden die Fragen darüber ungefähr so überflüssig, wie den Zweifel daran, daß es Aale gibt. Zwischen 1522 und 1892, also während 370 Jahren, wurden nicht weniger als 160 einigermaßen ernsthaft wirkende Beobachtungen über die riesenhaften Meerschlangen veröffentlicht.

Auch die Verfasser Rolf Beiderbeck und Bernd Knoop, die die

entsprechenden Berichte eher von der humoristischen Seite betrachten, schrieben über die unglaubliche Menge dieser Zeugenaussagen: «Sie umschließen einen Rest von unberechenbarer Wahrscheinlichkeit, daß es in den tiefsten Tiefen ein solches Tier gibt.» Die verbreitete Ansicht, die sich gerade in unserem Jahrhundert einer zunehmenden Zahl von Anhängern erfreut, erkennt auch hier überlebende Geschöpfe aus der Saurierzeit: Alle Landwesen seien einst aus den Tiefen der Ozeane wie aus einer gewaltigen Gebärmutter entstiegen. In diesen Tiefen steht die Zeit still. Dort sollen noch immer Geschöpfe überleben oder gar neu entstehen, die wir für völlig ausgestorben oder phantastisch halten.

Die Jakuten gehören, was ihre einzigartigen Naturschätze angeht, wohl zu den Völkern, die von unserer Zivilisation am meisten ausgeplündert worden sind. Doch ihre Weisen, die die Traditionen der Ahnen bewahrten, sollen über die krankhafte Gier der Industrienationen nur gelächelt haben. Ähnlich wie viele nordamerikanische Indianer betrachteten sie die materielle Schädigung durch diese Räuber als weniger schlimm für die Nordvölker als deren planmäßige Vergiftung durch billigen Schnapsfusel. Ein Mensch, der dadurch süchtig wird, verliert nach ihrer Meinung «seine wahren Augen». Er vermag immer weniger in andere Welten zu sehen und geht dadurch der engen Beziehung zu seinen großen Ahnen verlustig.

Es ist aber gerade entscheidend wichtig, die Verbindung zu diesen Geistern aus der fernen Vergangenheit wachzuhalten! Schließlich haben sich diese mit den denkbar einfachsten Waffen gegen die gewaltigen Ungetüme der Urzeiten durchgesetzt. Wenn wir sie wahrnehmen, vermögen wir dank dieser Schau ihre unvorstellbaren seelischen und körperlichen Kräfte in uns selber zu wecken.

Hier noch einige Angaben aus der Feder des seinerzeit sehr beachteten Engländers C. W. Leadbeater. Er versuchte, ausgehend von altgriechischen und indisch-tibetanischen Weisheiten, eine eigenartige Atomlehre zu entwickeln. Diese wollte eine Brücke zu den Naturwissenschaften schlagen und den uralten Glauben an das Bestehen anderer, für unsere Sinne meistens unsichtbarer Welten und Wesen wieder verständlich machen.

Die «feinstofflichen» Astralgeschöpfe, die zur festen Erde gehören, werden nach ihm noch «weit übertroffen von den Wassergeistern – jenen Feenwesen, welche die Oberfläche des Meeres bewohnen. Die Naturgeister des Stillen Ozeans sind verschieden von denen des Atlantischen und denen des Mittelmeers. Die Gattungen, die in dem unbeschreiblich herrlichen Blau der tropischen Meere umherschwärmen, gleichen nicht entfernt jenen Geschöpfen, die durch den Schaum unserer kalten nördlichen Meere hindurchhuschen. Und wieder anders sind die Geister des Binnensees, des Flusses und des Wasserfalls, die viel mehr Gemeinsames mit den Feen des Landes als mit den Nereiden des offenen Meeres haben.»

Leadbeater und die theosophischen Forscher in allen europäischen Ländern versuchten die Verschiedenheit der Sagenberichte gleichsam naturwissenschaftlich zu erklären: «Um Mißverständnisse zu vermeiden, darf man niemals vergessen, daß es im Charakter dieser Wesen liegt, ihre Größe leicht zu ändern. Jedes dieser Geschöpfe, ob sie nun dem Meere, dem Lande oder der Luft angehören, kann sich zeitweise nach Belieben größer oder kleiner machen oder ganz nach Wunsch jede Gestalt annehmen.»

Als Inselbewohner geht Leadbeater besonders gern auf die feinstofflichen Geschöpfe der See ein. Er versichert uns: «Wenige Landgeister sind von einer so riesenhaften Größe, wie sie draußen auf dem Meere vorkommen... Fast alle diese Geschöpfe scheinen die Macht zu besitzen, sich über ihr eigenes Element zu erheben, um für kurze Entfernungen durch die Luft zu schweben. Sie ergötzen sich daran, im herabstürzenden Schaum der Woge zu spielen oder sich von der Brandung forttragen zu lassen. Ihre Abneigung gegen den Menschen ist weniger stark als bei ihren auf dem Lande lebenden Geschwistern – vielleicht deshalb, weil der Mensch weniger Gelegenheit hat, ihnen in die Quere zu kommen.»

Die Naturphilosophie der Gebildeten und die Reste des einheimischen Volksglaubens beeinflußten sich im 19. und 20. Jahrhundert wechselseitig. Man kann ruhig sagen, daß sie sich durchdrangen und so gegenseitig zu neuem Leben entfachten.

Vom Riesenkraken, der die Schiffe verschlingt

Der riesenhafte «Polyp» wird auch noch heute genannt, um das Verschwinden ganzer Schiffe in noch unerforschte Tiefen des Ozeans zu erklären.

Die Berichte der Seefahrer über Seeschlangen und sonstige «Drachen der Meere» gehen fast nahtlos in die Zeugnisse von Riesenkraken über. Die ersteren wären, wenn wir in den Büchern der Naturkunde nach deren wirklichen Verwandten suchen, eindeutig Reptile, Verwandte der ausgestorbenen Saurier. Die anderen, mit acht Fangarmen voll Saugnäpfen, gehören zu den Tintenfischen, sind also wirbellose Weichtiere (Mollusken).

Bezeichnenderweise hat man aber beiderlei Geschöpfe häufig genug miteinander verwechselt. Gelegentlich werden in den Büchern sogar die gleichen Berichte verwendet, um die Wirklichkeit von beiden Schreckensgestalten der See zu beweisen: Riesenhafte Fangarme, die sich rasch bewegen, können wohl tatsächlich sehr leicht für sich windende Schlangen genommen werden. Auch haftet den Berichten über das Auftauchen eines Meerungetüms immer etwas Unfaßbares, Gespenstisch-Magisches an.

Es wäre kaum richtig, alle Zeugnisse der Matrosen über das von ihnen meistens ungenau Gesehene in Bausch und Bogen zu verwerfen. Wahrscheinlich sahen sie tatsächlich hie und da in Dunkelheit und Sturm etwas Gewaltiges, Drohendes, Fremdartiges. Erst nach überstandener Gefahr versuchten sie sich die genaue Gestalt des Meerschreckens genauer vorzustellen und ihn mit dem Aussehen bekannter Lebewesen zu vergleichen. Wie ein Kapitän sagte: «Daß etwas vor uns auftauchte, sahen alle. Wie es aber tatsächlich aussah, darüber konnte man nachträglich streiten.»

Der norwegische Bischof Pontoppidan war dank der unzähligen Berichte der skandinavischen Seeleute vom Bestehen der riesenhaften Kraken überzeugt. Es sollte ihm zufolge Tiere geben, deren auftauchender Rücken dem Umfang nach über zwei Kilometer messen kann! Dieser sieht dann aus wie eine Insel, und die Haarbüschel darauf wirken, dem ersten Eindruck nach, ohne weiteres wie Seegras. Wenn wir den Gewährsleuten von Pontoppidan glauben wollen, verbreitet das gewaltige Ungetüm vielfach ganz unfreiwillig den Untergang unter seinen Beobachtern. Wenn es in die Tiefe taucht, erzeugen seine ungeheuerlichen Fleischmassen einen mächtigen Strudel. Dieser verschlingt verständlicherweise jedes leichte Menschengefährt, das sich in seiner Umgebung befindet.

Noch zu Beginn des 19. Jahrhunderts war einer der leidenschaftlichsten Kämpfer für die Wahrheit um die Riesenkraken der französische Naturforscher Pierre Denys de Montfort. Als Beweis für die zahlreichen Berichte sah er ein Gemälde, das einen ungeheuren Kraken zeigte, der gerade ein Segelschiff angriff. Es befand sich in St. Malo in der Kapelle des heiligen Thomas. Die Matrosen hängten es hierher aus Dankbarkeit für ihre Rettung.

Wenn man der Darstellung Glauben schenken darf, griff das Ungetüm mit seinen Armen bis zu den höchsten Mastspitzen hinauf. Beinahe hätte es dabei die französischen Fahnen erfaßt! Die Seeleute empfanden das Geschöpf als eine Ausgeburt der Hölle. Daß sie nicht kenterten und in den Wellen veschwanden, erklärten sie dann auch weniger mit ihrem Mut und ihren Versuchen, die schlangenartigen Fangarme abzuhacken. Sie waren überzeugt, daß es eben der heilige Thomas war, dieser Schutzpatron der großen Reisen, der sie im letzten Augenblick vor dem Schreckenstier bewahrte.

Solche Berichte verwendete noch Jules Verne in seinem klassischen Abenteuerroman *20000 Meilen durch die Meerestiefen*. Das Buch schildert bekanntlich die Fahrt eines Unterseebootes, wie es erst Jahrzehnte später von den Erfindern entwickelt wurde. Solche Phantasien haben, wie auch dieses Beispiel zeigt, zu allen Zeiten die Unternehmungslust der Entdecker und Erfinder ungemein gefördert. Die Schilderung der Meerwunder, die man auf Reisen schauen kann, wurden jedesmal zu einem starken Lockmittel für den menschlichen Geist.

Wir haben schon gesehen, wie noch heute im Bermuda-Dreieck unbekannte Ungetüme herrschen sollen. Anderswo gibt es aber scheinbar auch Orte, wo ganze Schiffe verschwinden, die gelegentlich noch immer als Opfer der Riesenkraken angesehen werden. L. D. Kusche versichert 1978: Seit 1850 seien mehr als 200 Schiffe im Nordatlantik verschwunden oder aus Gründen, die niemand kennt, von ihren Besatzungen aufgegeben worden.

Hat diese Angst vor den Ungetümen der Tiefen, die man geradezu als Geschöpfe der Höllengeister ansah, etwa mit schlechtem Gewissen zu tun? Gerade im 17. bis zum 19. Jahrhundert war es für die kühnen Seefahrer nicht unbedingt angenehm, über die Hintergründe ihrer gefährlichen Aufträge nachzudenken, obwohl sie guten Gewinn einbrachten.

Gerade im Fall des in St. Malo abgebildeten Kraken vernehmen wir von Denys de Montfort, daß er eine Ladung Sklaven und Goldstaub in die Tiefe gerissen hatte. Die Furcht vor den Verwünschungen der gequälten Opfer mag sicher auf die Sinne der verwirrten Matrosen eingewirkt haben.

Legenden aus Sturm und Wellen

Als mein Vater zu Beginn der zwanziger Jahre als Steuermann eines kleinen Kahns auf dem Schwarzen Meer umherfuhr, kannte er natürlich von seinen Eltern die Geschichte um Andromeda. Zu seinem Erstaunen war sie aber auch all seinen Gefährten bekannt, obwohl einige von ihnen gar nicht schreiben und lesen konnten: «Sie kannten nicht die Buchstaben», erzählte mir mein Vater, «aber sie kannten die wichtigsten Sternbilder, dieses erste Alphabet Gottes.»

Der griechische Kapitän des Kahns, er stammte aus Rhodos, pflegte über die Sagen und Sterne tief zu philsophieren. Die funkelnden Edelsteine, die die Gestalt der Andromeda bildeten, waren für ihn ein Wahrzeichen für das Glück, von dem jeder Abenteurer träumt. Der Kampf des Perseus mit dem Schrecken der Meere war für ihn das Gleichnis für die Angst vor den unbekannten Gefahren, die jeder überwinden muß, der im Unbekannten sein Glück gewinnen will.

Wenn man diesem Seemann glauben konnte, der um 1920 noch überwiegend unter Segel fuhr, erlebten die «Alten» in ihren Zeiten unendlich viel mehr als die heutigen Kapitäne und Matrosen. Wenn uns rasche und einigermaßen sichere Überfahrten über die Ozeane möglich sind, verdanken wir es der Macht unserer Maschinen. Unsere Vorfahren trotzten dagegen allen Elementen, weniger wegen der Zuverläßigkeit ihrer Nußschalen, sondern wegen ihrer «Kunst». Sie besaßen einen großen Erfahrungsschatz, der sich stets vom Vater auf den Sohn weitervererbte, so daß sich die Kenntnisse von Generation zu Generation vermehrten. Der offensichtlich hochgebildete Mann versicherte:

Unsere alten Dichter begannen ihre Geschichten um Odysseus, diesen König der Seefahrer, stets mit den Berichten über dessen Vater Laertes. Dieser hatte schon mit den Argonauten eine Reise nach der Küste des Kaukasus, dem Land Kolchis unternommen, bei der es nicht weniger wild und zauberhaft zuging als während der Taten seines Sohnes.

Im Laufe dieses Lebens auf dem Meere entwickelte sich, diesem klugen Griechen zufolge, in den Menschen eine Fülle von Sinnen, die sie den Verwandten auf dem festen Boden «fast wie Wesen von einem anderen Stern» erscheinen ließ. Nicht nur daß sie, vom Sturm ins tobende Meer geworfen, die Techniken des Überlebens kannten. Ihre Nerven fingen die unsichtbaren Signale der Umwelt auf. Meist wußten sie ganze Tage im voraus, ob das heimatliche Meer ruhig bleiben werde, oder ob es seine ganze Tücke zeigen könnte.

Wie seine fernen Ahnen glaubte auch dieser Grieche noch, daß die Stämme der Küsten, «die für das Wasser geboren sind», ein besonderes Gespür für die Elementarmächte besitzen, denen sie eine Art Bewußtsein zuschreiben. Umgekehrt empfinden auch diese gegenüber den Matrosen und deren Schiffen eine gewisse Sympathie oder Antipathie.

Auch gegenüber ganzen Völkern können sie deutliches Wohlwollen zeigen. Solches gelte «seit Anfang der Zeiten» gegenüber einem Teil der griechischen Inselbewohner, weil diese genau wußten, wie man sich zu den Mächten der Gewässer verhält, wie schon die schönen Sagen über Poseidon und sein Geschlecht beweisen. Obwohl sich das griechische Christentum allmählich ausbreitete, änderten sich ihre Bräuche nicht wirklich.

Wenn Gefahr drohte, erzählten die erfahrenen Meerfahrer beruhigend-schöne Legenden oder sangen fromme Lieder mit ähnlichem Inhalt. Sie berichteten in der Regel davon, wie Christus die stürmischen Wasser durch seinen Segen zu beruhigen wußte. Oder sie gedachten des Jonas und anderer heiliger Menschen, die, oft geradezu samt ihrem ganzen Schiff, von Meerungetümen verschlungen wurden – um dann auf Befehl Gottes und seiner Engel «am richtigen Platz» wieder ausgespuckt zu werden!

Land unter den Wassern

Wichtig war, immer nach Auskunft des griechischen Kapitäns, nur das eine: mitten im Wasserreich möglichst keinen Augenblick Angst zuzulassen! Gerade diese ziehe die Ungetüme der Tiefen an und steigere ihre Angriffslust, die nichts auf der Welt aufhalten könne. Nimmt man die Gefahr dagegen munter und fröhlich, bewahrt ein freies und lustiges Herz während der schaurigsten Bedrängnis, werden die Mächte des Meeres ruhig und zeigen sich sogar richtig verspielt. Sie bahnen dem bedrängten Schiff freundlich den Weg durch die Wellen... Auf einmal gelangt es, nachdem sich das Brausen des Stumes gelegt hat, sicher an sein Ziel, das die Besatzung vielleicht erst nach Wochen zu erreichen gehofft hatte.

Der Kapitän des Schiffes war überzeugt, daß es zur echten Seemannskunst gehöre, auch in arger Gefahr frohgemut zu bleiben. Lachend, wahrscheinlich Scherz und Ernst mischend, erzählte er meinem Vater: Die Alten hätten diese allzu menschliche Furcht so sehr überwunden gehabt, daß sie bei zunehmender Seegefahr häufig bereit waren, den wilden Wellen ein Menschenopfer zu bringen.

Wohlverstanden, die Mächte der Tiefe hätten es nie und nimmer angenommen, wenn damit Zwang und Verbrechen verbunden gewesen wären. Schließlich waren Fälle bekannt, daß, um sich im Sturm zu retten, die Matrosen «einen Fremden» den auftauchenden Ungetümen der Abgründe vorwarfen... Doch das Ergebnis war stets entsprechend: Statt sich zu beruhigen, erzürnten sich die Wellen noch grimmiger. Turmhoch erhoben sie sich, und das Schiff wurde samt Mann und Maus in einen schwarzen Wirbel hineingerissen. Es soll Fälle gegeben haben, daß bei solchen Untaten der einzige, der dem Unglück wie durch ein Wunder entkam, der zuerst ins Wasser geworfene Geopferte war. Die Mächte wollten ihn nun einmal nicht annehmen; sie spien ihn wieder aus.

Wenn das Opfer echt sein sollte, mußte es eben ganz und gar freiwillig geschehen. Der Kapitän versammelte, wenn die Lage völlig hoffnungslos erschien, seine Leute um sich. Er fragte nun, wer bereit sei, sich dem Meer hinzugeben, damit seinen Gefährten ohne jede Not die sichere Heimfahrt gewährt würde. Es soll darauf vorgekommen sein, daß sich die ganze Mannschaft meldete. In der Regel würfelte man dann, um zu einer Entscheidung zu kommen.

Der erwählte Mann sprach darauf sein Gebet an alle wichtigen Heiligen und wurde auf einer Planke ins Meer gelassen. Einige Augenblicke sah man ihn auf den Wellen schaukeln und seinen Freunden zuwinken – dann verschlangen ihn die schwarz aufschäumenden Abgründe. Es ist zu beachten, daß für viele Seeleute ein solches Ende der irdischen Laufbahn wenig Erschreckendes an sich hatte. Wie auch ihre Berufsgenossen in anderen Erdteilen waren viele von ihnen fest davon überzeugt, daß das weitere Schicksal des Opfers beneidenswert verlaufen werde.

In der Tiefe des Meeres gestaltete sich nach ihrer Vorstellung das Dasein unterhaltsam. Wunderbare Städte aus uralten Zeiten, früher auf sonnigen Inseln gelegen und dann versunken, befanden sich hier. Aus sonst den Menschen unbekannten Metallen und Edelsteinen waren ihre Behausungen errichtet, die in sanftem Licht erstrahlten. Durch köstliche Getränke und Speisen blieben alle Bewohner der «Meerländer» jung und schön, und die Zeit, die oft grausam die Erdoberfläche beherrscht, verrann in diesem Reich des Wasserkönigs unmerklich. Schöne Nixen oder Sirenen warteten auf die mutigen Matrosen und ließen sie all ihre einstigen Nöte völlig vergessen.

In den Uferstädten des Ägaischen Meeres erzählte man sich früher von seltsamen Begegnungen. Alte gebrechliche Matrosen sollen gelegentlich zu später Stunde einen ihrer Gefährten getroffen haben, den sie vor vielen Jahrzehnten auf einer Fahrt «verloren» hatten. Während sie selber grau und lebensmüde geworden waren, sah ihr einstiger Freund munter und fröhlich aus. Wenn er während seines nächtlichen Urlaubs auf dem Festland noch Zeit hatte, erzählte er seelenruhig von den strahlenden Wundern der Geheimnisse auf dem Grund. Viele unserer besten

Berichte über das Treiben der Ungetüme in den Tiefen sollen gerade von solchen «Gästen aus den Ländern unter den Wellen» stammen.

Ganz ähnlich wie in den Alpensagen erscheinen in diesen Geschichten die gespenstisch auftauchenden Ungetüme nur als Wächter zu den geheimen Reichen, in denen zu wohnen das wahre Glück bedeutet. Mein Vater erzählte von seinem Kapitän, der wohl der Hauptgewährsmann für seine Märchenwelt war: Er sei an sich ein überzeugter griechisch-orthodoxer Christ gewesen, der sich häufig bekreuzigte und gern die Namen jener Heiligen anrief, die ganz besonders für die Matrosen sorgen. Beim Wein pflegte er aber oft zu versichern, daß er mehr als zufrieden sein würde, in das Paradies in der unmeßbaren Wassertiefe zu gelangen.

Es müßte doch eine Seligkeit sein, meinte er, all die kühnen Seeleute aller Zeiten anzutreffen. Von ihnen könne man bis ans Ende aller Tage die unzähligen Abenteuer vernehmen, die auf sämtlichen sieben Ozeanen stattfanden. Der vielerfahrene Mann wußte eine Einzelheit darüber: Wenn dir im «Jenseits der Schiffsleute» jemand eine alte Geschichte erzählt, «dann ist dir, als würdest du sie leibhaftig selber erleben».

So berichtete man, die mutigen Matrosen und Kapitäne dürften zwar lange im Meer mit den schönen Wasserjungfrauen und deren Eltern hausen, doch endlich findet auch diese Zeit, die in den Tiefen der Meere ganz anders dahinfließt als bei uns Sterblichen an der sonnigen Oberfläche, ein Ende. Sie verlassen die Länder unter den Wassern und tun den ersten Atemzug in einem neuen Leib, bei irdischen Eltern. Ob dies nun in einer Stadt am Meer geschieht oder auch bei den Fischern im Innern eines weiten Binnenlandes? Die Wiedergeburt findet auf alle Fälle in einer Umgebung statt, die günstig ist, um auch im künftigen Dasein den Mächten der Wasser die Treue halten zu dürfen.

Im Paradies für Matrosen

Die Meerschlange der Matrosen soll eine Wächterin zu geheimnisvollen Feenländern sein.

Wenn ein Seemann ein wenig zu großzügig über die Meerschlangen, Riesenkraken und ähnliche Schrecken der Ozeane berichtete, pflegte man von ihm scherzhaft zu sagen: «Die hat er wohl gesehen, als er mit den Nixen herumzechte.» (Andere Fassung der Redewendung: «Als er beim Meerkönig eingeladen war.») Der Sinn dieses Spruches war der folgende: Unsere Meere mögen zwar gefährlich sein, aber wir haben es auf ihnen einigermaßen mit materiellen Gewalten zu tun.

Unglaubliche Wesen von unvorstellbarer Gestalt gibt es in Hülle und Fülle im Reich der «Seegeister». Sie bestehen aber aus viel feineren Stoffen als all die Dinge, die uns umgeben. Wer sich jedoch daran gewöhnt hat, «zwischen seinen irdischen Leben» stets im Reich der Meere zu hausen, der hat sich an deren Wunder gewöhnt. Seine Erinnerungen und Träume sind völlig von diesen Dingen erfüllt, so daß er sie so gut zu schildern vermag, «als habe er sie mit seinen gewöhnlichen Augen geschaut». Wenn man das Dasein einer Seele als eine Ewigkeit ansieht, so sind solche Seeleute aus Anlage und Neigung sozusagen selber Geschöpfe des Meeres, die zwischendurch nur hie und da zur Abwechslung ein kurzes Menschenleben auf Erden zubringen. Sie sind eben Brüder der Wasserschöpfung.

Sie sind so stark mit «ihrem» Element verbunden, daß sie sogar in ihren Träumen in das Reich fliegen, als dessen treue Bürger sie sich bei Tag und Nacht fühlen. Meistens wissen sie bei ihrem Erwachen kaum etwas davon, besitzen aber «dank ihrer Verwandtschaft mit dem Element» ein unglaubliches Wissen und sogar das sichere Vorgefühl für alle Gefahren, die aus ihrer Welt den Menschen bedrohen. Einen solchen, innerlich mit dem Meer verwandten Menschen in seiner Besatzung mitzuführen, war der Stolz eines jeden echten Kapitäns. Nahm er an einer Schiffsfahrt teil, so glaubte die ganze Mannschaft sicher, auch aus einem mörderischen Sturm glücklich nach Hause zu kommen. Man war überzeugt: «Es gibt Leute, die für das Meer geboren wurden und denen darum keine Gefahr droht. Kommen sie einmal um, so ist es kein Unglück, sondern ein Heimgang. Sie haben gefühlt, daß ihre Zeit auf Erden um ist, und sie haben sich aus freier Entscheidung den Wellen hingegeben, die sie wieder in ihr ewiges Heimatland holten.»

Solche Menschen sind es verständlicherweise vom Jenseits oder auch von ihren Traumreisen her gewöhnt, die Ozeane mit den Augen der Seegeister zu schauen. Aus diesem Grunde erblicken sie auch während ihres Daseins in den drohenden Sturmwellen, rasenden Meerwirbeln oder sich turmhoch aufbäumenden Wasserbergen die Umrisse der titanischen Seeungetüme. Selbstverständlich sind sie auf solche Erscheinungen, von denen unsereiner graue Haare bekäme, gut vorbereitet: Die Welt nicht als einen Spielplatz blinder und zufälliger Naturkräfte, sondern eines geheimen Lebens zu wissen, wirkt auf sie beruhigend.

Schon während ihrer Kindheit lehrte sie in der Regel ein kluger Zeitgenosse, über ihre Schau nicht mit Außenstehenden zu sprechen. «Wer Seeungetüme sieht, ist wohl selber eins», pflegte man zu sagen. Mein Vater hatte dies bereits als einen Scherz vernommen – aber es ist möglich, daß solche Witze einst nicht ganz ungefährlich waren. Während der Zeit der Hexenverfolgungen konnte es einem bekanntlich das Leben kosten, irgendwelche Dinge zu erleben, die den Verstand der Spießbürger überstiegen. (Immerhin waren anscheinend die «echten» Seeleute erfahren genug, ein gastliches Schiff zu finden, das sie über alle Fluten trug. Es soll ihnen dabei ziemlich gleichgültig gewesen sein, ob es sich bei seiner Besatzung um einigermaßen ehrliche Kaufleute handelte oder auch um verwegene und wilde Seeräuber. Sie sehnten sich eigentlich nur nach einem: Bis zu ihrem seligen Ende das Meer in seinen sämtlichen Gestalten zu erleben.)

Ich gehe hier auf diese Geschichten vor allem deshalb so ausführlich ein, weil sie wie eine Fortsetzung der antiken Überlieferung wirken. Das Reich des Meerkaisers oder des Neptun erstreckt sich demnach nicht nur über die Weltmeere im Sinn unserer «irdischen» Geographie. Alle Wasser der Erdteile stehen mit dem gleichen «Urmeer» in allerengster Verbindung, und alle ihre sichtbaren und unsichtbaren Geschöpfe bilden den gleichen Hofstaat: Wer sich in seiner Kindheit mit der Nixe in den Bächen befreundete, muß sich nie fürchten, wenn er sich in der Fremde irgendwo im Land ihrer zahllosen Schwestern befindet.

Solche Menschen, von denen der Volksglaube (und wohl sie selber!) annahmen, daß sie mit dem Meervolk verwandt waren, sahen eben auch ihren Tod als «Fröhlichkeit in den Tiefen». Je kühner und wohlgemuter sie ihr irdisches Dasein verbracht hatten, umso sicherer wurden sie vom Herrscherpaar der Meere an dessen glanzvoller Festtafel aufgenommen.

Die Worte Leben und Tod verloren in diesem Reich – auch dies mag noch die Wurzel in uralten Religionen und Philosophien besitzen – ihre Bedeutung, die sie für uns meistens haben. Das Dasein «im Meer» galt als seliger Traum, und es soll den alten Matrosen viel lustiger erschienen sein, in den Wellen zu versinken, als noch Jahrzehnte lang «als gebrechlicher Greis über die Oberfläche der Erde zu stolpern».

Im übrigen galt auch unter den griechischen Matrosen des Schwarzen Meeres die Weisheit: «Das schlimmste auf der Welt ist: alle Dinge gehen vorbei! Das schönste auf der Welt ist: alle Dinge gehen vorbei!» Nichts auf der Erde kann ewig sein, weder Leben noch Tod.

Tore zur Unterwelt?

Die Schrecken der Meere haben in unserer Gegenwart nicht abgenommen. Es gibt sie noch immer, wie in den Tagen, da die Argonauten, Odysseus, der Orientale Sindbad oder der russische Märchenheld Sadko alle Gefahren der See überwanden. Viele Geschichten von heute gleichen denen, die der Abenteurer und Söldner Münchhausen seinen Freunden am Kamin ezählte.

Ich meine hier vor allem den wirklich modernen Sagenkreis um das Bermuda-Dreieck im Atlantischen Ozean. Schon nach den alten Sagen und den Aufzeichnungen der Chroniken war es hier «alles andere denn geheuer». Bereits Plato glaubte, daß geheimnisvoller Schlamm, der Rest des versunkenen Erdteils Atlantis, die Überfahrt durch das Weltmeer des Westens verhindere. Für Ägypter und Kelten befand sich in diesem Raum der für die Sterblichen erschreckende Eingang in unterirdische Räume, wo unbekannte Gefahren lauern. Auch die heilige Hildegard von Bingen, diese einzigartige Naturforscherin des Mittelalters, hat auf dieses Geheimnis hingewiesen. Kühne Matrosen des Mittelmeeres wagten kaum die Reise in Richtung, «wo die Sonne untergeht», da sie fürchteten, von den Wellen und Wasserwirbeln in die Unterwelt gesogen zu werden. Dies war höchstens ein Unternehmen für die tollkühne Bruderschaft der Wikinger, die sogar der Midgardschlange spotteten.

Die Fahrt nach Amerika, die seit dem 15. Jahrhundert zwar als lohnend aber auch als gefährlich galt, ließ die Furcht aus verflossenen Jahrtausenden immer wieder neu aufleben. Es gab wohl kaum viele, die den Ozean überfuhren, die sich nicht vor einem Aufleuchten im Meer fürchteten. Schon den Matrosen des Kolumbus war es bekannt, und noch heute sieht man gelegentlich in dieser Erscheinung den Hinweis auf möglicherweise «bewohnte» Reiche unter dem Wasserspiegel. Viel las man zu allen Zeiten von den gefährlichen Stellen des Ozeans, um die die Strömungen immer langsamer fließen. Algen, oft von zauberhaften Farben, seien hier aufgetaucht; unglaublich schnell hätten sie die schwerfälligen Schiffe der Spanier und Portugiesen überwachsen und in verzauberte Tiefen gezogen.

Bei der Durchfahrt an diesen magischen Orten des Ozeans seien die Pferde, die man in großer Zahl zum neuen Erdteil mitnahm, irrsinnig geworden und hätten sich ins aufschäumende Wasser geworfen. Dies war ein großer Schaden für die Eroberer Amerikas, da sie nun einmal die Pferde dringend brauchten – sie bedeuteten bekanntlich die Überlegenheit der Europäer über die indianischen Krieger. Die Vorgänge, über die viel geredet wurde, sind an sich unbestritten. Gewöhnlich wird das Verhalten der Pferde mit ihrer Verwirrung erklärt, die sie bei zunehmendem Durst befällt.

Doch solche Geschichten haben längst die verrauchten Gaststuben der alten Abenteurer verlassen, wie sie bis in unser Jahrhundert vom «griechischen» Schwarzen Meer bis zu den Küsten der Bretagne und dem Baskenland erzählt wurden. Die «Schrecken der sieben Ozeane» kennt der Mensch jetzt nicht nur aus den unbeholfenen Malereien an den Wänden dieser Wirtschaften. Sie drangen längst in die Bilderwelt des Fernsehens und verwandter Massenmedien ein. Allen voran eben die Ungetüme, die irgendwo in und um die Algenwälder des Bermuda-Dreiecks lauern sollen.

Wenn früher in diesem Raum Schiffe verschwanden oder später ganz ohne Besatzung auftauchten, dachte man gern an die Untaten der Piraten. Doch auch heute werden ziemlich zahlreiche Beispiele dieser Art berichtet, und sogar Flugzeuge sollen im «dämonischen Dreieck» völlig spurlos verschwunden sein. Kritische Verfasser versuchen selbstverständlich diese Berichte anzuzweifeln. Sie entkräften sie etwa mit dem Hinweis, es gebe ähnlich verwunschene Meere auch anderswo. Die «Gläubigen» setzen dem die Vermutung entgegen, daß eben offenbar jeder

Ozean seine unerklärbaren und auch für moderne Schiffe gefährlichen «Dreiecke» besitzt.

Andere Schriftsteller, wie etwa Berlitz, halten die Erzählungen um die Ungetüme dieser Gebiete für einigermaßen zuverlässig. So sah etwa ein Berufstaucher von Miami in der Tiefe eine Art runde Schildkröte mit einem weit nach vorne gestreckten Hals. Im übrigen besaß das Tier einen affenartigen Kopf. Berlitz vergleicht dieses Monster mit einem gefährlichen Geschöpf aus den Sagen der Bahamas. Es soll ebenfalls einen Schlangenhals besitzen und in den Höhlenseen des Meeres hausen.

Die Aussagen über die Ungetüme des Bermuda-Dreiecks vermischen sich im übrigen mit den Erzählungen der Taucher und Berufsfischer über «Kunstbauten», die man unter den Wellen geschaut haben will. Das sind eigentlich schon wieder die Geschichten über die Schlösser des «Herrschers aller Meere», die von den erschreckenden Monstern bewacht werden.

IV. Das Rätsel von Schottland

St. Columban kämpft mit dem Heidentum

Wir behandeln vor allem das «Ungeheuer von Loch Ness», weil es durch die Massenmedien Weltruhm erlangt hat. Die Geschöpfe in «grundlosen» Alpenseen gleichen ihm in unseren Sagen wie Geschwister.

Der Heilige Columban versuchte im 6. Jahrhundert das Volk von Schottland zum Christentum zu bekehren. Wer namentlich die keltischen Legenden kennt, weiß, daß es dabei um keine Auseinandersetzung von Religionen in unserem Sinne ging. Nicht verschiedene geistige Weltbilder sollen hier zusammengestoßen sein, sondern geradezu verschiedene Welten.

Wenn wir den alten Chroniken und sogar ziemlich neuzeitlichen Sagen folgen, überlebten im äußersten Westen Europas geradezu vorsintflutliche Geschöpfe. Ganz ähnlich wie in den Alpen sollen hier die wunderbaren Seen noch von den gewaltigen Überschwemmungen der Urzeit stammen. In ihren Höhlen, die sich unter der Oberfläche der Wasser befinden, überlebten hier nach dem Volksglauben Wesen einer früheren Schöpfung. Die Entstehung solcher Traditionen ist gerade für Schottland verständlich. Nicht einmal das Römische Weltreich konnte hier festen Fuß fassen. Die Eingeborenen dieser Gebiete kämpften das ganze Mittelalter hindurch gegen die angelsächsischen Eroberer für ihre Freiheit. Noch heute soll es hier genügend Familien geben, die von ihren heiligen Traditionen kaum ein wahres Wort an die Fremden verraten.

Der See, schottisch «Loch», mit dem Namen Ness, ist ein in der Urzeit unserer Erde aufgebrochener Graben. Er besitzt die Länge von 37 Kilometern und zerschneidet damit das nördliche Hochland von Schottland von Nordosten nach Südwesten. Der See ist 250 Meter tief und friert nie zu. Hier habe in heidnischen Zeiten ein Ungetüm gehaust, dem die Einheimischen mit viel Ehrfurcht entgegentraten. Offenbar waren sie nicht sicher, ob es sich hier um ein irdisches Ungetüm handelte oder um ein gespenstisches Wesen aus anderen Dimensionen. Die Christen scheinen diese Auffassung voll und ganz geteilt zu haben. Sonst hätte der heilige Columban, als er sah, daß der Wasserdrache Menschen gefährdete, ihn nicht angesprochen...

Er schlug ein Kreuz, rief den Namen seines Gottes an und befahl dem Schrecken von Loch Ness, sich keinen Schritt weiter zu bewegen. Die Kraft seines Glaubens soll genügt haben, das gewaltige Ungetüm sofort anzuhalten. Es wich von einem Mann zurück, den es wohl schon im nächsten Augenblick ermordet hätte. Es verschwand in den aufgewühlten Wassern seines Sees – und ward durch Jahrhunderte nicht mehr gesehen.

Die Zeugen des Wunders priesen Gott, der durch seinen Heiligen gesiegt hatte. Der handgreifliche Beweis scheint das Volk überzeugt zu haben, daß dem neuen Glauben eine Kraft innewohne, alle Drachengeschöpfe der dunklen Urzeiten zu überwinden. So scheint der Kampf am Loch Ness einen wichtigen Beitrag geleistet zu haben, daß sich das Christentum im Nordwesten von Europa ausbreiten konnte. Ein schrecklicher Zweikampf war entschieden. Der Mensch des neuen Glaubens hatte sich als stärker erwiesen. Wie in ähnlichen Legenden folgte das Volk seinen Lehren nicht nur aus Überzeugung, sondern es hatte erlebt, daß hinter ihm eine «himmlische» Macht stand, unendlich überlegen den Gewalten der irdischen Tiefen.

Man behauptet, daß ein ganzes Jahrtausend nach dem Wirken des Heiligen Columban kaum jemand vom Ungetüm von Loch Ness hörte. Sein langes Verschwinden scheint geradezu als Zeichen gegolten zu haben, daß mit dem Christentum eine neue Welt entstanden war. Man ließ sich nun einigermaßen davon überzeugen, daß wir im Innern unserer Seele mit dem Bösen zu tun hätten und nicht in der Gestalt sichtbarer Ungetüme. Immerhin soll es eine unsichere Sage geben, nach der es beinahe bis in unsere Gegenwart geheime Verehrer des Drachen gab. Diese zähen Heiden trauerten ihrem Ungetüm nach, weil sie noch mehr als andere Schotten ihre wilde Unabhängigkeit und Eigenart liebten. Sie waren überzeugt, daß ihr Drache auch viel Gutes und Nützliches gewirkt habe! Mehr noch als der Mut der einheimischen Krieger habe sein Ruf die Eroberer abgeschreckt, sich in den freien Hochländern einzunisten. Wenn man dem unsicheren Bericht glauben soll, war die Seeschlange, vertraut mit der menschlichen Sprache, geradezu eine Art Geheimwaffe! In gewissen alten Familien soll man noch «alte Worte» kennen, deren lautes und richtiges Aussprechen einst genügte, in die Höhlen unter dem Loch Ness einzudringen. Auf diesen Ruf hin tauchte das gewaltige Geschöpf aus den aufschäumenden Fluten. Sein Erscheinen bedeutete den sicheren Untergang aller Eindringlinge und damit die «ewige» Unabhängigkeit der schottischen Hochländer.

Doch die nächtlichen Rufe sollen ein ganzes Zeitalter ohne Ergebnis verhallt sein, und der See galt lange Zeit als durch den Heiligen «gesegnet und gereinigt». Doch wie alte Schotten einem befreundeten Sagenforscher erzählten: «Nichts kann für immer sein. Das Kreuz und das Wort eines großen Heiligen wirkt, so lange die Menschen daran glauben. Vergessen sie die Geschichten nach Jahrhunderten, und sehen sie in ihnen nichts als abergläubischen Blödsinn, dann wird der Bann kraftlos und löst sich in ein Nichts auf.»

Also, so erzählt die Sage, sei in der Gegenwart der gespenstische Schatten des Ungetüms wieder häufiger erschienen. Neues Entsetzen sei in der Gegend ausgebrochen, und drohende Alpdrücke hätten eine weite Gegend beunruhigt. Fromme Menschen riefen an den Seeufern erneut Gott und den Heiligen Columban an, ihr Land vor dem einst angebeteten Drachen zu bewahren. Dies habe jedesmal bewirkt, daß die unsichtbaren Ketten wieder anzogen. So sei der Herrscher des Loch Ness wieder in seine «schwarzen Abgründe» zurückgerissen worden.

Bei diesem und ähnlichen Ungetümen scheint offenbar dem Volk eine Sache unmöglich: Daß sie mit dem Lauf der Jahrtausende alt und schwach werden und wie alle sterblichen Wesen endlich absterben! Stets warten sie irgendwo in der Dunkelheit auf die künftige Stunde, die ihnen ihre einstige Bewegungsfreiheit zurückschenkt.

Das Geburtshaus der «modernen» Magie

Der große englische Gelehrte und Mystiker Robert Fludd war stark von der Wissenschaft des Alpenarztes Paracelsus beeinflußt. Er war überzeugt, daß in den schottischen Hochländern (genau wie in anderen Gebirgsgegenden!) der Wohnsitz besonders mächtiger, magischer und gefährlicher Wesen liege. Wie die Paracelsisten überhaupt, sah er sie aus feinen Stoffen gebildet, doch in gewissen Fällen befähigt, sichtbare Gestalt anzunehmen.

Solche Hinweise in den Werken von Paracelsus und Robert Fludd erzeugten während der Zeiten von Renaissance und Reformation eine wahre «magische Mode». Fahrende Schüler durchstreiften unseren Erdteil auf der Suche nach geheimnisvollen Orten, von denen ihre Umwohner rätselhafte Dinge raunten. Die einen glaubten, hier ihr Wissen um die Wunder der Natur erweitern zu können. Andere waren überzeugt, gerade hier den Schlüssel zu Macht und Reichtum zu finden. In allen solchen Gegenden weiß das Volk eine Vielzahl von Plätzen, an denen wohl hundertfach Zauberlehrlinge ihre Beschwörungen sprachen und Schatzgräber herumwühlten.

Die entsprechenden Berichte sind seit dem 15. und 16. Jahrhundert zahllos und nehmen bis in unsere Gegenwart deutlich zu. Einen Höhepunkt erreichten sie im Werk des englischen Magiers Aleister Crowley, der sich wiederum als Nachfolger und Wiederverkörperung des Franzosen Eliphas Lévi ansah. Genau wie dieser bemühte er sich besonders um die Wiederentdeckung und den Neudruck all der Zauberbücher, die schon seit Jahrhunderten von seinen Vorläufern benutzt wurden. Beide Personen sind entscheidend wichtig, um die ganz erstaunliche Verbreitung der magischen Wissenschaften in den modernen romanischen, besonders auch englischsprachigen Ländern begreifen zu können.

Aleister Crowley war wie Lévi dankbar, schon in der Jugend Zugang zur hohen Bildung gewonnen zu haben. Wie auch all die romantischen Dichter und Gelehrten vor ihm scheinen ihn die antiken Schriften maßgeblich beeinflußt zu haben. Die vielbewunderte Klarheit und Sachlichkeit der antiken Überlieferungen bestätigte ihn in seinem Glauben an magische Welten. Über diese wurde also offensichtlich durch Jahrtausende erstaunlich ähnlich berichtet. Gab es für diese Tatsache eine andere Erklärung als die Annahme, daß in all diesen Geschichten ein bedeutender Wahrheitskern bewahrt ist?

Der 1875 geborene Engländer hatte das berühmte, heute noch bei ungebildeten wie belesenen Esoterikern umgehende Zauberbuch des Abra-Melin erworben. Die ältesten uns bekannten Drucke des Werks stammen aus dem Anfang des 18. Jahrhunderts. Crowley wollte eine echte Ausgabe besitzen, die noch aus dem Mittelalter stammte. Er war überzeugt, daß es möglich sei, die Mächte nach den alten Anleitungen zu beschwören, wenn man den richtigen Ort für sein Werk finde.

Bereits 1899 wollte er das neue Jahrhundert, von dem er die wahre Wiedergeburt der Geheimwissenschaften erwartete, mit seinen Versuchen einweihen. Am See von Loch Ness erwarb er das Gut von Boleskine, das ihm landschaftlich besonders gut gefiel und für seine Zwecke geeignet schien.

Im übrigen empfand er sich sein Leben lang als Erbe vorgeschichtlicher, keltischer Kulturen. Im schottischen Haus fühlte er sich sofort daheim. Ihm war es, als spüre er aus urtümlichen Wurzeln neues Leben erwachen. Er sah sich von nun an als echten einheimischen Adeligen vom See der Geheimnisse. Stolz nannte er sich von nun an «Lord of Boleskine».

Ziemlich bald begann er in der geheimnisvollen Umwelt mit seinen magischen Handlungen. Zauberlichter wurden entzündet, duftende Räucherungen erfüllten die Räume mit ihren Dämpfen. Ganze Nächte lang ergab sich der moderne Zauberpriester dem Rausch wohlklingender Zauberworte. Es ist verständlich, daß dies für das dünnbesiedelte Gebiet ein Ereignis war, das allen Sagen der Vorzeit eine neue Wirklichkeit schenkte. Fast vergessener, kaum überwundener Aberglaube schien neue Bestätigungen zu erhalten.

Welcher Freund der modernen unheimlichen Filme kennt nicht das einsame Haus des Magiers? Bereits sein erstes Erscheinen auf der Leinwand hinterläßt beim dankbaren Zuschauer ein erwartungsvolles Gruseln. Ob nun draußen ruhig der Mond scheint oder grelle Blitze zucken – das Bauwerk selbst erscheint als Wohnung aller Schrecken. In allen Farben leuchten die Fenster auf, und das Dröhnen, das aus dem Inneren erschallt, übertönt spielend den himmlischen Donner.

Wer die anhaltende Crowley-Beschäftigung unter den englischen Künstlern kennt, zweifelt keinen Augenblick daran, daß der Herrensitz am Loch Ness, Boleskine, das Modell zu unzähligen Filmkulissen wurde. Durch seine maßlosen Anrufungen soll sein Herr die unsichtbaren Sperren geschwächt haben, die der heilige Columban gegen die Schrecken der anderen Dimensionen errichtet hatte. Drachenähnliche Geschöpfe entstiegen ihren Abgründen, und sie begannen Anfang unseres Jahrhunderts, im schottischen Hochland von neuem ihr altes Reich zu entfalten.

Die urtümlichen Ahnungen und wiedergeborenen Sagen gewannen einen ungaublichen Einfluß auf unsere Gegenwart. Eine Reihe von modernen Musikern soll, dies nach vielen neuentstandenen Sagen, in der Nähe des Crowley-Sitzes ihre Klänge geübt haben. Wer diese Töne, zumindest in der richtigen Verfassung, vernimmt, der soll mit seinen inneren Augen das Traumbild des «Drachen der Tiefen» schauen, wie er sich aus den schottischen Nebeln herausbildet. Die Phantasien von Crowley haben damit einen Einfluß gewonnen, den er trotz seines wohlentwickelten Selbstbewußtseins bei Lebzeiten kaum vorausahnte...

Im übrigen erwarb in unseren Jahren Jimmy Page, der Superstar der Rockgruppe Led Zeppelin, das Zauberhaus am Loch Ness. Er hatte sogar längere Zeit die Absicht, hier ein Museum zu Ehren des «Meisters» zu errichten. Ralph Tegtmeier, wohl einer der witzigsten der neuen und zahlreichen Crowley-Biographen, berichtet über die neuesten Vorfälle am geheimnisvollen See: «Statt dessen (also einer gemeinnützigen Gründung des magischen Museums! S. G.) wird Boleskine inzwischen aufs schärfste von bewaffneten Männern mit Hunden bewacht und verbirgt sich hinter einer Stacheldrahtbarrikade.»

Die unzähligen Freunde der Naturgeheimnisse streifen bekanntlich mit Vorliebe in der Umwelt des Loch Ness herum. Mit hartnäckiger Zähigkeit unternehmen sie ihre Versuche, in das Haus des selbsternannten Lords einzudringen. Sie vermuten gerade dort das Tor zum Geheimnis des Reichs der schottischen Drachen und Gespenster. Tegtmeier, ein guter Kenner der entsprechenden Kreise, ergänzt seine Erfahrungen: «Mir selbst sind immerhin einige englische Magier bekannt, die sich damit brüsten, einen Stein von Boleskine ihr eigen nennen zu dürfen...»

Hat der abenteuerliche Crowley, dieser unermüdliche Sammler von magischen Büchern, tatsächlich eine Geisterschlange zu neuem Dasein erweckt? Unbestritten beeinflussen aber dank ihm die Gespenstergeschichten des Loch Ness die neueste Kulturgeschichte von England.

Loch Ness erobert die Schlagzeilen

Doch erst in den dreißiger Jahren unseres Jahrhunderts verließ das Ungetüm von Loch Ness die Welt der christlich-heidnischen Legenden und der magischen Geheimnisse. Es wurde nun zum erklärten Liebling der Sensationszeitungen. Bald drang es sogar bis in die fettgedruckten Schlagzeilen auf den Titelseiten vor.

Einige Veröffentlichungen erklären den Erfolg mit dem Eindringen der lärmigen Gegenwart in das mehrheitlich einsame schottische Hochland. 1933 wurde eine Uferstraße am See gebaut, wobei tüchtig in die Felsen hineingesprengt wurde. Die Baumaschinen dröhnten tagelang. Einige versichern, daß gerade solche bis dahin ungewohnten Laute in die stillen Tiefen drangen – und den uralten Wasserschrecken erst recht weckten.

Im übrigen wurde 1930 am äußeren Rand unseres bis dahin bekannten Sonnensystems der Planet Pluto entdeckt. Da er den Namen des griechisch-römischen Gottes der Schattenreiche erhielt, erwarteten die Astrologen mystischer Richtung die Entdeckung von geheimen Dingen, «die bis dahin in der Dunkelheit verborgen waren».

Dazu kommt, daß von Anfang der dreißiger Jahre an ganz Europa das totale Chaos drohte. Krisen schüttelten die Weltwirtschaft, und in den meisten Ländern nahm die Arbeitslosigkeit sprunghaft zu. Die blutigen Straßenkämpfe zwischen kommunistischen und faschistischen Bewegungen erfüllten die Großstädte. Diktatoren kamen an die Macht, und die Drohung eines neuen, noch blutigeren Weltkrieges schien Jahr für Jahr wirklicher. Überall tauchten ratlose Flüchtlinge auf. Nachrichten über das Erscheinen eines urzeitlichen Drachen versprachen deshalb den überforderten Menschen eine gewisse Erholung. Aus einer alpdruckhaften Gegenwart war es eigentlich recht erfreulich, in das Reich mittelalterlicher Legenden versetzt zu werden. Der Drache aus Schottland galt kaum noch als ein Sinnbild der Furcht – die endlosen Auseinandersetzungen über sein Sein oder Nichtsein versprachen den Lesern Unterhaltung. Also wurde er schon bald zärtlich mit dem Kosenamen «Nessie» bezeichnet.

Seither nehmen die Berichte über «Sichtungen» des Ungetüms dauernd zu, und es soll über sein Auftauchen bis zu 5000 Zeugnisse geben. Viele davon stammen von Menschen, deren Sachlichkeit und Zuverlässigkeit außer Zweifel stehen. Viele der Schilderungen sind bis in die Einzelheiten erstaunlich übereinstimmend, und es gab eine Fülle von Versuchen, den Seedrachen auf ein Photo zu bannen. Doch die Abbildungen, die ich sehen konnte, sind seltsam schattenhaft und verschwommen. Sie zeigen auf dem Wasser eine dunkle Linie oder seltsame, aus den Wellen hervorragende dunkle Erhebungen.

Man versuchte mit allerlei Tauchgeräten und Unterseebooten, einen zuverlässigen Beweis für das Bestehen des Fabelwesens zu finden – doch bis heute vergeblich. Die Forschungen gingen so weit, daß man befürchtete, die Menschen würden ihre Neugier über das unsichere «Wunder von Loch Ness» völlig verlieren. Im britischen Oberhaus erklärte bereits 1972 der Viscount Massarenne: «Ist es nicht ein Frevel, Schottland der Legende eines Ungeheuers zu berauben, mit der es Regelmäßig jedes Jahr leichtgläubige Touristen das Geld aus der Tasche zieht?»

Doch bisher ist die Furcht vor der Entzauberung der Landschaft unbegründet. Kaum eine Ferienzeit vergeht, ohne daß jemandem der Anblick von Nessie unter glaubwürdigen Bedingungen gelingt. Die ganze Angelegenheit beweist, daß auch der heutige Mensch gar keine «technischen Beweise» für seinen Glauben nötig hat. Mündliche Sagen über Erscheinungen im Nebel und nachträgliche Phantasiezeichnungen scheinen ihm völlig zu genügen.

Pater Gregory, dessen Kloster an der Südspitze des Loch Ness liegt, schildert 1972 ein Erscheinen des Ungetüms: Eine starke Bewegung teilte die Seeoberfläche, dann tauchte ein langer Hals auf, etwa 15 Zentimeter im Durchmesser und zwei bis drei Meter lang. Dann verschwand er wieder... Der lange Hals geht in den meisten Berichten in einen oder mehrere Höcker über, die in der Regel ebenfalls über dem Wasser sichtbar werden.

Die «Buckel» werden verschieden gedeutet. Die einen sehen in ihnen einen Teil der Windungen eines sehr langen Schlangenleibs. Für die anderen sind es Erhebungen auf einem walzenförmigen Körper. Das Beachtenswerte in den meisten Berichten ist die Geschwindigkeit der Bewegungen des Geschöpfs, sein fast pfeilschnelles Dahinschießen durch den See und sein rasches Auf- und Niedertauchen.

Zeuge der Saurierzeit

In alten Büchern zur Geologie heißt der Plesiosaurus «Schlangen-Drache». Die Ähnlichkeit zwischen ihm und den modernen «Seemonstern» ist unverkennbar.

Die meisten Drachenforscher, die die Geschichten um Nessie ernst nahmen oder das Wesen sogar selber erblickten, vermuten hier das Überleben eines Plesiosaurus. Dieser lebte, wie uns die Funde beweisen, in der Urzeit im Wasser. Er besaß einen mächtigen Körper, dessen vier Gliedmaßen in Flossen übergingen. Zum Rudern besaß er einen gewaltigen Schwanz, und an einem ebenfalls langen Hals saß ein verhältnismäßig kleiner Kopf. Diesen vermochte der Saurier rasch «vorwärtszuschießen» und so seine Fischnahrung zu packen. Es wurde vielfach angenommen, daß das Geschöpf in den felsigen Uferhöhlen der schottischen Seen die mindestens 50 Jahrmillionen überlebt habe, die sein Zeitalter von dem unseren trennen.

Der Kopf soll nach den Berichten, zumindest im Verhältnis zum undeutlich wahrnehmbaren Riesenleib, recht klein sein, einige versichern, von der Größe eines Pferdekopfes. Seltsamerweise sollen von diesem Haupt voller Wülste und Warzen starke Fühler niederhängen. Die Augen sollen an Stielen befestigt sein, die wie Beobachtungsgeräte eines Unterseeboots ausfahren und in den Schädel zurückschnellen können. Das Aussehen des «letzten Sauriers» ist damit bald gespenstisch-erschreckend und dann, trotz seiner Größe, wieder komisch. Letzteres erklärt, warum er bereits in einer Reihe von Unterhaltungsfilmen als Hauptfigur auftaucht.

Selbstverständlich haben kritische Geister eine Unzahl von Erklärungsversuchen zu dem ständigen Erscheinen des Drachen veröffentlicht. Man sprach von Baumstämmen, die auf dem See dahintreiben. Man vermutete auch, daß ein Schwarm großer Fische durch ihr verwirrendes Spiel den Beobachtern eine riesige, sich durch die Wasser schlängelnde Gestalt mit Schuppen vorgaukeln könnten. Einige der «Erklärungen», auch dies muß festgehalten werden, wirken freilich auf einen unvoreingenommenen Leser fast phantastischer als die Annahme einer noch nicht entdeckten Tierart!

Die Einzelheiten der tausendfachen Schilderungen, auch wenn wir nur die von «einigermaßen zuverlässigen Zeugen» nehmen, weichen auch sonst entscheidend voneinander ab. Ob nun Plesiosaurier mit Flossenfüßen oder titanische Schlange: Gerade das Haupt, das oft neugierig die winzigen Menschen anschaut, ist nach den Schilderungen ganz verschieden. Es ist meistens die uns völlig fremd anmutende Maske eines vorgeschichtlichen Lurchs oder Reptils. Es besitzt aber auch, wie wir schon sahen, nicht nur krötenhafte sondern sogar an Insekten erinnernde Züge. Dann soll es wieder Ähnlichkeit mit einem Pferdehaupt haben. Seine Augen haben Affen- oder Menschenähnliches und sollen sogar an ein Antlitz erinnern. Vergleichbares hört man etwa auch von den Geistern oder Drachen unserer Alpenseen, «die in der Dämmerung einsame Wanderer anstarren».

Weiter ist die Tatsache eigenartig, daß ganz sicher nicht alle Menschen die gleiche Fähigkeit besitzen, das Ungetüm zu erblicken. Es wird uns versichert, daß es Einheimische gibt, deren Verwandtschaft wohl seit Jahrhunderten in der Nähe des Loch Ness haust. Obschon sie den See wie ihre Westentasche kennen, konnten sie uns von keiner einzigen Begegnung mit dem Drachen berichten. Dies, obwohl sie anscheinend keinerlei Vorurteil gegen das gespenstische Geschöpf hegen und den Glauben an dessen Wirklichkeit teilen...

Umgekehrt gibt es nach den zahllosen Veröffentlichungen eine Menge von Zeitgenossen, die Nessie dutzendfach erblickt haben wollen. Völlig fremde, sogar ganz «ungläubige» Reisende können es nach kurzen Aufenthalten erblicken – während wohl Hunderttausende, ohne auch nur einen seiner Buckel oder eine Flosse zu schauen, enttäuscht abreisen.

Viele Schotten meinen deshalb, daß man, um zu «erkennen», geradezu «besondere» Augen besitzen muß. Die Beobachter des Sauriers sollen häufig Menschen sein, die auch sonst in ihrem Leben viele eigenartige Erscheinungen beobachten konnten. Gerade Schottland ist ja für solche Seher besonders bekannt, wie man schon in alten keltischen Sagenbüchern nachlesen kann. Wer will, kann die erwähnten altchristlichen Legenden um den heiligen Columban bis zu okkultistischen Forschern wie Robert Fludd dafür als Zeugnis nehmen.

Bewahrte Geheimnisse?

Man hat den Hinweis der Schotten, daß man für ihre Märchenwesen «besonders gebaute Augen» oder das «zweite Gesicht» besitzen muß, gern verspottet. Das ist kaum richtig: Wie wir bei den Geschichten um die «englischen Schreckenskatzen» sehen werden, mehrt sich die Zahl der «Erforscher des Geheimnisvollen», die all die Drachen als «Wesen der Astralebene» ansehen. Nur an besonderen Gebieten der Erdoberfläche, wo gewisse für sie günstige Strahlungen vorherrschen, können sie ihre an sich feinstofflichen Körper so verdichten, daß sie, zumindest für Menschen mit besonderen Anlagen, sichtbar werden. Zur Bestätigung dieser Ansicht werden die in der Regel wenig überzeugenden Abbildungen angeführt, die von Nessie bestehen. Dies obwohl wahrscheinlich schon Hunderttausende mit den empfindlichsten Apparaten, Filmkameras und Fernsehgeräten nach Schottland zogen.

Als eigenartigen Beweis führen gewisse Veröffentlichungen über den sagenhaften See an, «daß die Wasser des Loch Ness» keine Leichen freigeben. Dies trotz aller Unfälle, die sich hier schon ereigneten, und die bekanntlich gelegentlich sogar den räuberischen Überfällen der «überlebenden Riesenechse» der Urzeit zugeschrieben werden. Einige erklären dies aus seltsamen Unterwasserströmungen, die freilich nach gewissen Vermutungen ebenfalls das Ungetüm steuern soll.

Die Leichen der Verunfallten oder der Selbstmörder treiben dann, zumindest nach einer verbreiteten Meinung, in die verzweigten Höhlengänge, die man in den Felsenufern vermutet. Dort dienen sie angeblich der Ernährung des Drachen oder dessen Brut. Für viele Erforscher der zahllosen Geheimnisse Schottlands kann ja Nessie auf keinen Fall einsam sein – um durch Jahrmillionen seit der Saurierzeit zu überleben, muß schließlich das Ungetüm eine fruchtbare Familie besitzen!

Im übrigen gibt es für die zahlreichen verschwundenen Menschen am Loch Ness auch viel liebenswürdigere Erklärungen, ganz im Geist der sonstigen schottisch-keltischen Märchenwelt: Die kühlen Unterwasserströmungen und die unerforschten Höhlentore führen demnach in das vielgenannte Feenreich. Der Drache wäre somit nur ein Wächter von Eingängen, «die nicht für die Sterblichen sind». Personen, die man seit Menschenaltern für verunfallt und verschwunden ansieht, sollen aber durch unbekannte Gänge in Reiche gelangt sein, in denen «ewige Jugend» herrscht.

Gerade aus diesem Grund soll man am Loch Ness und an ähnlichen Plätzen in Irland und Schottland gelegentlich Leuten begegnen können, von deren Tod man schon lange überzeugt war. Sie tragen dann etwa ihre altmodischen Kleider, sehen aber blühend aus, als hätte die sonst unerbittliche Zeit sie völlig verschont. Sie haben eben von ihren Freunden im Feenreich kurz Ferien bekommen, um sich nach ihren Angehörigen zu erkundigen. Sie zeigen sich richtig erstaunt, wenn sie vernehmen, daß diese unterdessen steinalt sind oder schon längst in Grabeserde ruhen.

Ein schottischer Sagenfreund stellte, was solche Geschichten angeht, die Vermutung auf, daß hier ein uralter keltischer Volksglaube nachklingt: In Urzeiten sollen häufig Menschen, die die Schwäche des Alters fürchteten, selber ihr Ende «an heiligen Plätzen» gesucht haben. Sie besaßen noch den ursprünglichen Glauben, wonach man im Jenseits die Gestalt besitzt, in der man seinen Tod findet. Diese Auffassung war offenbar in der Vergangenheit in weiten Teilen der Welt lebendig. Auch viele Stämme der nordamerikanischen Indianer sollen nicht ungern jung gestorben sein. Nur so hofften sie, in unverminderter Frische in alle Zukunft hinein die «Ewigen Jagdgründe» genießen zu können. Unser kurzes Menschenleben erschien auch ihnen nur als eine Art Prüfung für das wahre Leben, das nach dem irdischen Tode im Geisterreich beginnt.

Viele Schotten pflegen eine Haltung, wie ich sie ganz ähnlich auch bei manchen alten Zeitgenossen im Alpenraum gefunden habe. Die Einheimischen kommen gern mit den fremden Gästen ins Gespräch, wenn sie über die Wunder ihrer Heimat befragt werden. Sie erzählen ihnen Geschichten ohne Zahl, die dann, gelegentlich auf seltsamen Umwegen Eingang in die Sagenbücher, neuerdings auch in Kinofilme und Fernsehen finden.

Doch dies tun sie nur bis zu einer gewissen Grenze, wo nach ihrer Auffassung das Verständnis der Gäste aufhört. Weiteres können diese erst vernehmen, wenn sie sozusagen «in die Familie aufgenommen worden sind». Eine solche Grenze besteht nicht etwa aus dem Gefühl des Stolzes und der Überlegenheit der Eingeborenen über die Fremden. Sie stammt eher aus einer Erfahrung, die regelmäßig unter den Völkern entsteht, die lange in eigenartigen, abgelegenen, «heiligen» Landschatten hausen. In einem Gebiet mit einer reichen Geschichte und Überlieferung entsteht die feste Überzeugung: Um das geheime Leben einer Landschaft zu erkennen, muß man sie schon als Kind erlebt haben. Um auch nur zu ahnen, was hier in Nacht und Nebel auftauchen kann, ist es notwendig, die entsprechenden Geschichten bereits mit der Muttermilch aufgesogen zu haben. Es ist deshalb für ein echtes Verständnis unentbehrlich, eine Sage nicht nur irgendwo zufällig gelesen zu haben, sondern sie als treuen Begleiter seines Lebens zu erspüren.

V. Salamander und andere Feuergeschöpfe

Von Flammenmolchen

Unsere Sagen sind häufig die letzten Zeugnisse über verschwundene Hochkulturen, die versuchten, die Rätsel der Elemente zu begreifen.

Der Physiologus, den wir häufig zu Rate ziehen, war das beliebteste Tierbuch des Mittelalters, das seine eigenartigen Weisheiten zu einem guten Teil aus den naturwissenschaftlichen Schriften des Altertums bezog. Die mystisch-magischen Gedankengänge der Gelehrten der Vergangenheit wurden ja vom christlichen Volk weitgehend geteilt.

Man gliederte die erhaltenen Berichte der eigenen Religion ein, so daß sich die Beobachtungen der Alten in eine Fülle von frommen Belehrungen verwandelten. Gott hat demnach die Wunder der Welt erschaffen, damit wir sie voller Ehrfurcht betrachten und aus ihnen die ewigen Weisheiten herauslesen können. Besonders auffallend wird diese Verschmelzung von biblischem Glauben mit der Zoologie in den berühmten Geschichten um den Salamander.

Die Geschichte, nach der ein Salamander so «feuerfest» ist, daß in seinem Umkreis die stärksten Flammen auslöschen, wurde zum Beweis dafür, daß der Mensch, den Gott und seine Engel beschützen, dem zerstörerischen Element zu trotzen vermag! Der Physiologus vertritt die feste Überzeugung, die wohl von den Völkern des Mittelalters wörtlich geteilt wurde: «Wenn der Salamander das Feuer auslöscht kraft seiner eigentümlichen Art, um wieviel mehr ziemt es sich, daß die Gerechten, die da wandeln auf dem Pfad der Gerechtigkeit, auch das sie bedrohende Feuer auslöschen und den Löwen den Rachen stopfen!»

Der Physiologus sieht hier also einen naturwissenschaftlichen Beweis für etwas, das für ihn eine allgemein bekannte und gültige Tatsache ist: «Wie können gewisse Leute daran zweifeln, daß die drei Jünglinge, als sie (nach dem biblischen Buch über den Propheten Daniel) in den Feuerofen geworfen wurden, keinerlei Schaden nahmen...?»

Der Name Salamander stammt aus der griechischen Sprache. Der gelehrte Adelung vermutete hier ein urtümliches Wort (sala), das entstand, weil man mit ihm das Zischen der Flammen nachahmen wollte. Dann hätten Paracelsus und die Alchimisten zweifellos recht, wenn sie den Ausdruck für alle geheimnisvollen Feuerwesen verwendeten, nicht nur wie unsere Zoologie für verschiedene niedliche Molcharten.

Nahm das Volk bei diesen wirklichen Tierchen schon deshalb deren «Feuerfestigkeit» an, weil man seit jeher den «Wesen des Feuers» die Gestalt von unglaublich beweglichen Reptilien (Drachen) und Lurchen verlieh? Wenn sie für die Menschen sichtbar wurden, sollten ihre Gestalten sich wie Schlangen winden und mit ihrem ganzen feinstofflichen Leib funkeln, als sei er von aufstrahlenden Schuppen bedeckt.

Die Salamander schauen und mit ihnen verkehren konnten nach den Sagen nur Menschen, deren Lebenselement bereits in ihrem irdischen Dasein das Feuer ist. Das waren einmal die «wilden» Köhler, die vielfach in Bergschluchten die Flammen in dauernder Glut zu erhalten wußten und so den lebensnotwendigen Brennstoff herstellten. Ihr ganzes Wesen sei «Hitze und Leidenschaft» gewesen. Wenn sie in «ihr» Element blickten, sahen sie nach dem Volksglauben in dessen Aufleuchten die wunderbarsten Wesen.

Als den Feuergeschöpfen verwandt und mit ihnen verbrüdert galten die Schmiede, die einst fast alle als große Zauberer angesehen wurden. Wie die «rußigen Köhler» nannte man sie gelegentlich, so bei den slawischen Stämmen, Kinder eines uralten Nomadenstammes. Noch heute gelten ja die Zigeuner allgemein als Menschen, «die geradezu mit den Flammen reden können...»

Verwandtschaft mit den Feuerwesen schrieb man auch den Alchimisten zu, die bei dauernder Hitze unermüdlich an ihren Öfen arbeiteten. Trotz ihrer verhältnismäßig «primitiven» Werkzeuge verdanken wir ihrer Kunst sehr viele grundlegende Erfindungen. Diese erklärte das bewundernde Volk aus der Verwandtschaft oder dem Bündnis dieser Forscher mit Wesen von anderen Elementen.

Da die jungen Alchimisten vielfach als «Fahrende Schüler» durch die Länder zogen, um die «verlorene Weisheit» zu finden, stammt möglicherweise von ihnen manch moderner Studentenbrauch. Zu einem ihrer beliebtesten gehörte lange die Anrufung des Salamanders. Dies taten sie, indem sie in ihrem «starken Getränk» den Alkohol anzündeten und sich diesen brennend in die Kehle schütteten. Wer diesen Brauch nur einmal in einem vorher abgedunkelten Raum erlebt, glaubt sich einen Augenblick lang tatsächlich in den Bannkreis der alten Köhler, Zauberschmiede und Fahrenden Schüler versetzt.

Clair stellt fest: «Als der Asbest entdeckt wurde, hielt man ihn für die Wolle des Salamanders.» Im Reich des Königs Johannes, das man meistens irgendwo in Richtung Sibirien, Tibet oder Indien vermutete, habe man den feuersicheren Stoff der «Feuerwürmer» gewonnen. Diese hätten ihn für ihre Kokons, vergleichbar denen der Seidenraupen, verwendet... Zum Waschen und Reinigen warfen die Frauen dort ihre Kleider ins Feuer! Ein Buch von 1481 belehrt uns: «Dieser Salamander trägt Wolle, aus der Kleider und Gürtel gemacht werden, die im Feuer nicht brennen.»

Von geheimen Wissenschaften

Dank den Salamandern konnten angeblich die Alchemisten und Rosenkreuzer ihre «ewig brennenden Lampen» herstellen.

Der große Sagenforscher Leland hat viele Überlieferungen der Zigeuner und ihrer Weisen Frauen über die geheimnisvollen Wesen, die wir gewöhnlich nicht sehen können, nachgewiesen. Diese Geschichten der fahrenden Sippen könnten unmittelbar aus den Lehren von Paracelsus, Graf Gabalis oder den Rosenkreuzer-Philosophen stammen.

Den klugen Nomaden sind solche Zusammenhänge selber

bewußt. Viele von ihnen behaupten, unter ihren Vorfahren seien Fahrende Schüler gewesen. Aus Angst vor den Religionsverfolgungen schloßen sie sich den oft fast bis zur Selbstaufgabe gastfreundlichen Wanderstämmen an, um mit ihnen in friedlichere Länder zu ziehen. Viele Sippen haben als ihren höchsten Schatz Bücher und Bilder der alten Philosophen und Naturwissenschaftler gehütet. Umgekehrt versichern viele gebildete Zigeuner, daß gerade Wahrheitssucher wie Paracelsus, Agrippa von Nettesheim oder Doktor Faustus vieles von ihren Ahnen erlernt hätten. Schließlich erfuhr man noch immer am besten in ihrem Kreis, wie man in der Natur seine Sinne wachhält.

Der gelehrte Georg von Welling (1652–1727) war einer der Vertreter der Rosenkreuzer-Philosophie. Seine magischen Lehren haben Goethe und die romantischen Dichter angeregt. Die Elementarwesen, zu denen er natürlich auch die Feuergeister (Salamander) zählt, sind für ihn die «Quinta Essentia, der allerreinste und geistigste Teil eines jeden Elements». Gerade durch den steten Umgang mit diesem feinstofflichen Leben, das die ganze Natur durchdringt, hätten die Alten ihre beneidenswerten Einblicke in die Kräfte der Natur besessen. Er erwähnt, wenn er davon redet, das einstige Wissen um «das Zunehmen, Wachstum und Verderben der Metalle» und «die Beschaffenheit der Einwohner der Gestirne».

Georg von Welling versichert aber, daß die Kunst, mit diesen feinstofflichen Wesen in Beziehung zu treten, «heutigen Tages sehr rar und geheim» sei. Sehr vorsichtig, um nicht durch die Hexenverfolger um seinen guten Ruf gebracht zu werden, versichert er uns sofort: «Wie uns denn in unseren langen Jahren und vielen Reisen nicht ein einziger (Zeitgenosse) bekannt geworden», welcher seine Verbindung mit solchen Geschöpfen «gestehen» wollte. Wohlverstanden, auch dieser Mann des 17. und 18. Jahrhunderts versichert uns nicht, daß es in seinen Tagen im Wachen und Traum keine Begegnungen mit den Märchenwesen gebe. Er stellt nur fest, daß man Angst habe, darüber zu Außenstehenden zu reden!

Damit wir ihn richtig begreifen, rät er im gleichen Atemzug:

«Wäre wohl auch unter die allergrößte Torheit zu rechnen, sich dieser Wissenschaft zu rühmen.» Er würde ziemlich sofort in die Hände der gerade damals noch sehr mächtigen Ketzerverfolger (Welling redet sehr witzig von «Ketzermachern»!) geraten und ganz sicher durch die «Rechtsverkehrer gleich den meisten sogenannten armen Hexen zum Feuer verdammt».

Die Lehren über die Salamander, die wir bei Paracelsus und den Rosenkreuzern finden, entnahmen ihre Beispiele sehr häufig den Erlebnissen der naturverbundenen Völker. Diese wiederum, wie wir tausendfach in den noch immer lebendigen Volkssagen heraushören, erhielten sehr viele Anregungen aus den Werken der belesenen Alchimisten und Astrologen.

Einweihung der Schatzgräber

Alchimisten und Magier sollen mit den Wesen im Feuer in enger Beziehung gestanden sein.

Die in Mitteleuropa noch immer unglaublich verbreiteten Rezept- und Zauberbücher lehrten die Schatzgräber, mit den Elementarwesen «gute Freundschaft» zu halten. Gerade durch solche Quellen drangen deren Bezeichnungen wie «Gnome» für die Erdgeister oder Salamander für die Feuerleute ins Volk. Die so verbreiteten 6. und 7. Bücher Moses wissen: «Wenn sich an einem Ort nächtlicher Zeit Gespenster sehen lassen... so ist es höchst wahrscheinlich, ja aus der Erfahrung gewiß, daß daselbst ein Schatz verborgen sei.»

Zu den gespenstischen Erscheinungen an solchen Plätze zählte regelmäßig «Feuer» oder «ein Haufen glühender Kohlen» auf dem Boden. Wer die aufleuchtende Stelle unverzagt untersucht, findet seltsame oder auch ganz unscheinbare Gegenstände. Daß man die wahre Gestalt der Dinge zuerst nicht erkennt, beruht nach den Volksbüchern auf dem Wirken der Elementarwesen, die die unerfahrenen Sucher «verblenden». Erst wenn man das Gefundene «ins Feuer wirft», nimmt es eine für uns wertvolle Gestalt an.

Dieses Wirken der einheimischen Elementarwesen, wie es uns in den bis heute vielgeglaubten «Rezepten» entgegentritt, erinnert uns an die orientalischen Märchen von Tausend und eine Nacht. Dort ist es die Gattung der Dschinne, die mit dazu veranlagten Menschen verkehrt und für sie jede Verwandlung der sichtbaren Gegenstände bewirkt. Der Prophet des Islam, Mohammed, betrachtete im übrigen diese Wesen als einen Teil der göttlichen Schöpfung, die wir Sterblichen nicht ganz zu begreifen vermögen. Allah hat eben den Menschen aus Erdenstoffen gebildet und den Ahnen der Dschinne aus Feuer...

Standen Paracelsus und die Rosenkreuzer in unmittelbarer Beziehung zu den islamischen Völkern, wie es deren Anhänger oft andeuteten? Zweifellos haben orientalische Lehren, die den herumwandernden Weisen wohlbekannt waren, die abendländische Märchenwelt nur bestätigt! Sehr wichtig scheint uns ebenfalls, daß die Bücher unserer Schatzgräber die innere Haltung der Sucher ungleich wichtiger finden als irgendwelche Opfergaben und Zaubereien.

In der mir vorliegenden, recht verbreiteten Ausgabe des 6. und 7. *Buches Moses* finden wir: «Ist der Mond im Zunehmen, oder läuft er im Zeichen des Stiers, Steinbocks und der Jungfrau, so grabe an einem der bewußten Orte (also einem von denen, an dem die erwähnten Zeichen geschaut wurden, S. G). Grabe ohne Zeremonien, ohne einen Zirkel oder Kreis zu machen, noch Beschwörungen. Grabe fröhlich, entfremdet von bösen Gedanken und Vorstellungen und der Furcht vor den Geistern...» Handle der Mensch nicht so, belaste er sich mit Angst und Trübsinn, werde er leicht eine Beute von seltsamen, aber völlig täuschenden Einbildungen.

Das magische Volksbuch wiederholt: Die Schatzgräber sollen also (wenn sie erfolgreich werden wollen) miteinander «reden, singen, unverzagt und fröhlich sein». All die unzähligen alten Bücher für Alchimisten und Schatzgräber stimmen zumindest in einem überein: Willst du etwas von den Mächten, die in der Natur wirken, mußt du ihnen voll Vertrauen, liebender Zuneigung und Freundschaft begegnen. Dann strömen dir Kräfte zu, die du für jedes Gelingen brauchst.

Wenn die Elementarwesen in den von Paracelsus beeinflußten Erzählungen vor einem Menschen in Freundschaft erscheinen, verwandelt sich scheinbar dessen ganze Umwelt. Es ist unwichtig, ob sie dabei die Gestalt eines Märchentiers wählen oder eines vollkommenen Menschen; ihre Strahlen erzeugen die Stimmung des Feenmärchens. Eine Höhle oder die zerfallene Ruine wird im Augenblick zu einem Märchenschloß. Beispiele dazu lassen sich wohl in einer Mehrzahl von Sagenbüchern finden.

Der Franzose Jacques Cazotte (1719–1792) berichtet in seinem Verliebten Teufel über die Folge einer Beschwörung, durch die ein Mensch mit den Elementarwesen in Beziehung treten will: «Die Mauern des Gewölbes, vordem schwarz, feucht und mit Moos überwachsen, nahmen lieblich schöne Formen an. Sanfte Farbtöne leuchteten auf, und das unheimliche Gewölbe wurde zu einem hohen Saal aus gesprenkeltem Marmor. Dieser prächtige Saal war ein Rundbau, der rings von Säulen getragen wurde. Acht kristallene Armleuchter, jeder mit drei Kerzen besteckt, verbreiteten ein helles, gleichmäßig verteiltes Licht.»

Das «kalte» Sumpfleuchten

Beim Volkschronisten Hans Rudolf Grimm (1665–1749) steht viel über die Feuerleute oder «Brönnig Mannen». (Auch dieser volkstümliche Schriftsteller erwähnt im übrigen gelegentlich Paracelsus, von dem er wohl unmittelbar beeinflußt war.)

Grimm erklärt all die feurigen Erscheinungen aus «Erddünsten», die von der «schwefligen Erde» aufsteigen. Manchmal erscheinen nach ihm diese Feuer als Sterne, die sich den Menschen nähern und sich sogar häufig an deren Kleider hängen! «Wie denn dieses vielen Leuten auf den Seen und Flüßen des Schweizerlandes widerfahren ist.» Im übrigen «kommen sie dem Menschen vor als fliegende Drachen», oder dann eben wieder als die berühmten «Feuer-Männlein». Der erwähnte Schwefel war bei den Alchimisten häufig die Bezeichnung für alles Brennbare, «in Flammen Aufgehende» in den irdischen Stoffen. Ein französischer Alchimist des 18. Jahrhunderts, Antoine-Joseph Pernety, versichert in seinem Wörterbuch: «Der Salamander, der sich von Feuer ernährt, und der Phönix, der aus seiner eigenen Asche wiedergeboren wird, sind die beiden bekanntesten Sinnbilder für den Schwefel.»

Grimm hat aus eigener Erfahrung und der seiner Zeitgenossen verschiedene Beispiele für diese Erscheinungen angeführt, die damals im Alpenraum besonders häufig waren: «Denn so ist bekannt, daß man am meisten an den Orten solche brennenden Lichter antrifft, wo etwa sumpfige oder moosige Matten und Felder sind. Und so sagt man auch, daß am meisten solche gesehen werden, wo etwa das Wasser still ist und faulet und wo etwa große Schlachten geschehen sind.»

Der moderne Volksglaube sieht etwa solche «Feuerleute» auf alten Schlachtfeldern als Geister der Erschlagenen, die keine Ruhe finden. Die alte Naturwissenschaft jedoch, die bis heute ihre Vertreter im Volk findet, betrachtet die Schlachtfelder als geheimnisvolle Plätze, seit jeher von Urkräften erfüllt. Die Menschen hätten sie gefühlsmäßig oder auch bewußt für ihre Kämpfe aufgesucht, weil das Feuer in ihnen die Leidenschaften und auch die Energien der menschlichen Leiber steigerte.

Die Welt der Moose und stehenden faulen Wasser war zweifellos voll von Irrlichtern. Sie verschwanden in Mitteleuropa vor allem, als man die unendlichen Sumpflandschaften beseitigte. Ich hörte von einem echten Seeländer aus der Gegend von Murten-, Bieler- und Neuenburgersee, dessen Heimat erst im 19. Jahrhundert für die Landwirtschaft urbar gemacht worden war: «Die Städter waren gegen die Sümpfe, nicht nur um festen Boden zu gewinnen. Hier ereigneten sich noch täglich Dinge, die man beim besten Willen nicht erklären konnte.»

Die Irrlichter, wie wir heute meistens Feuerleute, Feuerschlangen, Flammeneidechsen oder Salamander nennen, trotzten tatsächlich den «wissenschaftlichen» Erklärungsversuchen des 18. und 19. Jahrhunderts. Da viele der selbsternannten «Gebildeten» von damals weniger aus sachlichen Motiven forschten, sondern um beweisen zu können, «es gebe nichts Geheimnisvolles mehr in der Natur», machten sie es sich einfach: Sie erklärten nicht nur den Volksglauben an Feuerwesen für einen närrischen Aberglauben, sondern sogar die Irrlichter selber. Wer sie aber immer noch sah, wurde verdächtigt, ein ausgemachter Narr oder ein Säufer zu sein.

Heute wissen wir aus unbestreitbaren Zeugnissen, daß in der Natur wirklich Irrwische aufleuchten, wenn auch in unserer gewaltsam veränderten Umwelt unendlich viel seltener als früher. Die romantischen Märchen von Paracelsisten, Alchimisten und Rosenkreuzern verdienen es darum, neu überdacht zu werden.

Ein Buch über das Leben des Magiers Christoph Wagner, der ein Schüler des Doktor Faust gewesen sein soll, erschien 1714 in Berlin. Über die Feuergeister vernehmen wir hier: «Die wohnen im Feuer hoch in der Luft, und wenn ihnen vergönnt wird, so richten sie große Wetter an und werfen Feuer vom Himmel. (Gemeint sind hier offensichtlich starke Unwetter mit Blitzen und Lichterscheinungen jeder Art. S. G.) Sie erscheinen den Leuten oft als brennende Fackeln des Nachts, auch bisweilen als kleine Lichtlein, welche man pflegt Irrlichter zu nennen...»

Hans Rudolf Grimm geizte ebenfalls nicht mit Beispielen, weder mit denen seiner Zeitgenossen noch mit den eigenen: «Ein solcher Feuriger Mann oder Irrwisch hat uns auf der Lüneburger Heide, nahe bei Schafhütten, bei zwei Wegstunden von der rechten Landstraße abgeführt.» Der gute Kutscher war sich seiner Umwelt kundig! Doch er verfuhr sich gründlich, weil er den nächtlichen Glanz der Erscheinung für das Licht eines Wirtshauses nahm, «das sieben Meilen von Lüneburg und gleich viel von Zell entfernt, ganz allein steht.»

Gerade bei Grimm, genau wie bei verschiedenen seiner Zeitgenossen, erkennen wir deutlich ein Durcheinander der damaligen Ansichten. Einerseits versucht man die Feuererscheinungen aus dem Spiel der Naturkräfte zu deuten. Dann sind sie wieder Kobolde, die um die Wanderer tanzen und mit ihnen allerlei Schabernack zu treiben versuchen. Oft fällt es uns heute schwer, festzustellen, zu welcher Überzeugung der Verfasser selber neigte. Wahrscheinlich hielt er es mit dem bereits angeführten Herrn von Welling. Es ging ihm darum, nicht zu deutlich zu werden. Sonst konnte er leicht in den Ruf eines zu guten Kenners der verfemten Hexenüberlieferungen gelangen. Und dies hätte ihn, auch im «aufgeklärten» 18. Jahrhundert, in gefährliche Nähe von Scheiterhaufen und Folterkammer gebracht.

Noch im Manfred, dieser Dichtung des Engländers Byron, verkünden geheimnisvolle Wesen: «Hülle allein sind uns die Elemente, denen / Als Lebensimpuls und Seele wir innewohnen.» Ohne den Glauben und die Geschichten um die Salamander und verwandte Geschöpfe ist noch die Dichtung des 18. und 19. Jahrhunderts kaum verständlich.

Strahlenschiffe am Himmel von heute

Eigentlich erinnern die Sagen von den durch die Luft schwebenden Feuerdrachen oder Sternen an eine moderne Erscheinung. Ich meine die Fliegenden Teller, die seit den sechziger Jahren in aller Munde sind und die von einer Unzahl von Sekten für sichere Vorzeichen des nahen Weltunterganges genommen werden.

Wie ich auf der Grundlage vieler Zeugnisse feststellen konnte, unterscheiden sich die neuen Besuche der «Himmlischen», der «Sternenleute», kaum von denen ihrer Vorläufer. Erstaunlich häufig sehen die «Aliens», also die Fremden, nicht anders aus als sehr schöne Menschen. Dann wiederum erscheinen sie als Reptilien oder Lurche, mit Schuppen bedeckt. Die Übereinstimmungen mit den Salamandern oder Feuermolchen der Alchimisten, die sich spielend verwandeln können, ist mehr als augenfällig.

Der Kunstmalerin Minna Bühler (Herzogenbuchsee) verdanke ich ebenfalls verschiedene Sagen. Diese Dame gehörte zu den Kennern geheimnisvoller Erscheinungen der Vergangenheit und zu den einheimischen Zeugen von Landungen der neuzeitlichen «Sternenleutchen». Sie versicherte sogar bei öffentlichen Veranstaltungen, daß das Auftauchen der fremden Geschöpfe, die sie als durchaus freundlich ansah, in Vergangenheit und Gegenwart ganz genau übereinstimme. Um die Gäste leuchte ein Kraftfeld, eine Art «nicht brennendes Feuer», das in sämtlichen Regenbogenfarben aufschimmere. Im übrigen sehe man die Fliegenden Teller auch heute vor allem an Plätzen, die schon seit Urzeiten für wunderbare Begegnungen bekannt waren...

Die ernsthaftere Naturwissenschaft tut sich mit der Erklärung all dieser neuzeitlichen Erscheinungen «unbekannter Mächte» nicht weniger schwer als früher mit der Deutung der Feuerleute. Zur Zeit tauchen in den Büchern Hinweise auf, die stark an gewisse Seiten bei Paracelsus und seinen Nachfolgern erinnern. Die mit rascher Geschwindigkeit durch den Himmel huschenden, zum Boden niedersinkenden und dann emporsteigenden Lichtschiffe wären damit Erzeugnisse noch wenig bekannter elektrischer Vorgänge, verwandt mit Irrlichtern und Kugelblitzen.

Helmut Höfling versichert uns im Sinn dieser Forscher: «Kugelblitze treten in verschiedenen Farben auf, vorherrschend jedoch in Rot, intensivem Weißblau und Grün. Auch die Mehrzahl der Ufo-Beobachter aus der Umgebung von Exeter berichten, daß die Objekte rot, weißblau, grün oder von einer Kombination dieser Farben gewesen seien. Kugelblitze lassen dort, wo sie erscheinen, oft zischende oder summende Geräusche vernehmen, ein Merkmal, das auch in den Berichten über die Ufos häufig wiederkehrt.»

Solche Vermutungen über Kugelblitze, mit denen man die Unbekannten Fliegenden Objekte (Ufos) vergleicht, grenzen teilweise an das, was man zumindest im 18. und 19. Jahrhundert als «echten Aberglauben» bekämpfte. Die ganze Streitfrage, die sich um die außergewöhnlichen Beobachtungen dreht, hat freilich der Allgemeinheit eins bewiesen: Die uns umgebende Natur erscheint immer mehr als eine Schatzhöhle der Wunder, von denen wir bisher nur einen Bruchteil erkannten.

Bis zu einem gewissen Teil bestätigen die modernen Beobachtungen, die allerdings kaum irgendwo ernsthaft vereinigt und verglichen worden sind, das Weltbild der Alchimisten: Alle Elemente sind voller Kräfte, die ihrem aufmerksamen Beobachter rätselhaftes Leben verraten. Wenn wir dies erfahren und deutlich erkennen, wächst in uns die Ehrfurcht vor dem Reichtum der Schöpfung, die uns von allen Seiten umgibt. Und das ist auf alle Fälle ein Gewinn, der zweifellos mehr wert ist als alle in den Zauberbüchern versprochenen Schätze.

Eintritt in die Feuerwelten

Wohl die vollständigste Zusammenfassung der Lehre der Alchimisten über die Elementargeister findet sich in der Dichtung «Der Salamander» des Fürsten Wladimir Odojewskij (1803–1869). Er war nicht nur ein bedeutender Vorläufer der modernen phantastischen Literatur, indem er aus den Überlieferungen, die er gründlich studierte, reiche Anregungen entnahm. Er beschäftigte sich auch mit der Chemie und den übrigen Naturwissenschaften seiner Zeit. Sie schienen ihm die Lehren der großen Weisen der Vergangenheit vollauf zu bestätigen.

Die Alchimisten, so faßte er gelegentlich seine Erkenntnisse zusammen, mögen falsche Ansichten über das Wesen der Naturkräfte entwickelt und verbreitet haben. Doch hätten ihre Irrtümer «zu weit folgenreicheren Entdeckungen geführt als alle vorsichtigen und vernünftigen Versuche der gegenwärtigen Chemiker». Unermüdlich verwies der Fürst in seinem Werk auf die Lehren der Anhänger des Paracelsus, nach denen sich die Energien in den irdischen Stoffen zu einem ewigen Liebesspiel zusammenfinden. Der Mensch, der die entsprechenden verfeinerten Sinne besitzt, kann in ihren Kreis treten. Dadurch wird er fähig, überall in seiner Umwelt unvorstellbare Wunder zu entdecken – und sogar selber zu entfesseln.

Die Geschichte der Freundschaft eines Russen von finnischer Herkunft aus St. Petersburg zu einem Salamander ist eine Zusammenfassung jahrelanger Studien. Man kann die Erzählung des Fürsten geradezu als Quelle zur Geschichte der Alchimie in Osteuropa verwenden. Wladimir Odojewskij hat, um seine Geschichte zu schreiben, die volkstümlichen Sagen ebenso verwendet wie die gelehrten Quellen aus dem 15. bis 18. Jahrhundert.

Die magische Dichtung beginnt während des Nordischen Krieges, als der schwedische König Karl XII. und der russische Zar Peter I. um die Vorherrschaft über riesige Räume rangen. Noch sehr ursprüngliche, von finnischsprachigen Stämmen besiedelte Länder wurden hart umkämpft, und ihre Bevölkerung das unschuldige Opfer der Großmächte. Die Geschichte beginnt mit der Erzählung eines Schamanen aus dem Kreis dieser Menschen. Der furchtbare Krieg, der das 18. Jahrhundert einleitete, erschien ihm als Auseinandersetzung der Beherrscher des Nordens, die er als große und gefährliche Zauberer ansah. Es ging diesen, so glaubten die finnischen Stämme, um das Geheimnis der Naturkräfte und deren Götter, das irgendwo in ihrem noch halbwegs wilden Lande verborgen sein sollte.

Der Finne Jakko wurde von dem Glanz der neuerrichteten russischen Hauptstadt St. Petersburg, dieser Schöpfung des ehrgeizigen Kaisers, geblendet. Er trat in den Dienst des Zaren Peter und tat alles, um nach Möglichkeit die hohe Kultur seiner Ahnen vollkommen zu vergessen. Sein einziger Traum war für lange Jahre, die von ihm bewunderte Technologie der sich damals in Rußland entfaltenden westeuropäischen Zivilisation zu erlernen.

Sehr unglücklich darüber war das finnische Mädchen Elssa, das noch völlig in den Bräuchen und im alten Volksglauben der Finnen lebte. Der alte Schamane und Magier aus den Traditionen der Urzeit hatte sie gelehrt, den «Salamander», also den Feuergeist, in der Tiefe ihrer Seele zu erwecken. Sie muß unverwandt in die Flammen blicken und in diesen ihr «Schwesterchen» schauen. So erkennt sie nach und nach die enge Verwandtschaft zwischen sich und dem mächtigen Element.

Das Mädchen, das allmählich in die wunderbare Wissenschaft des finnischen Zauberers eingeführt wird, schildert in starken Worten den Vorgang: «Unwillkürlich hafteten meine Augen an dem Feuer und konnten sich nicht mehr von ihm losreißen. Schon bald darauf sah ich in seiner Tiefe inmitten der glühenden Kohlen prächtige Gemächer. Ich sah sie so klar, wie ich jetzt dich vor mir sehe. Dort wehten Säulen lebendiger Flammen zum Himmel empor und erloschen nicht. Purpurne Funken entströmten ihnen und blitzten auf der feuerfesten Wand...»

Die immer engere Verbindung der Seele des finnischen Mädchens und des Feuerwesens erzeugt eine Märchenwelt. Elssa berichtet weiter: «Die ferne Wand schien sich aufzurollen. Ich sah alles, was auf der Erde und unter der Erde ist. Die Berge sah ich und Wälder, und die Klüfte des Wassers. Ich sah die Menschen und hörte, was sie sprachen und sah, was sie taten.»

Die Helfer der Alchimisten

Die gewöhnliche Gestalt eines Salamander ist die eines lurch- oder eidechsenartigen Lebewesens. Es lebt in den Flammen und strahlt sie geradezu aus.

Gerade weil der russische Kaiser seine neue Hauptstadt St. Petersburg mitten im Land der finnischen Bevölkerung errichtete, übertrieb er in ihrem Umkreis die Verherrlichung der westeuropäischen Zivilisation. Die Kleider, die Ernährung und die gesellschaftlichen Bräuche richteten sich vollkommen nach den allerneuesten Weltmoden. Das Mädchen, die Schwester des Feuers, gilt in dieser «Stadt der Zukunft» als Störenfried. Ihr Geliebter Jakko wird überredet, eine an sich unbedeutende, innerlich hohle Jungfrau aus der «aufgeklärten» Oberschicht zu heiraten. Die abergläubischen Bürger verdächtigen das finnische Mädchen, eine Hexe zu sein. Nicht weniger quälen sie die «Fortschrittlichen». An irgendwelche Zauberei glauben diese nicht mehr, zumindest vordergründig. Umsomehr hoffen sie, dem Mädchen ihren rückschrittlichen Volksglauben auszutreiben zu können.

Elssa flieht in die abgelegene Gegend ihrer Heimat, in der man sie für ihre Freundschaft zu den Feuerwesen gebührend ehrt. Ihr Jakko merkt viel zu spät, daß er mit seiner Liebsten und deren Traditionen alles verloren hatte: Weder die Gunst des Kaisers noch die Reichtümer der modernen Stadt können ihm dafür einen Ersatz bieten.

Der arme Finne Jakko, der auf die Liebe des Salamander-Mädchens verzichtete, erlebt Unglück über Unglück. Der Kaiser Peter, der ihn förderte, stirbt. Der Finne, von seinem starken Unternehmungsgeist getrieben, dient einem geizigen Grafen bei dessen alchimistischen Arbeiten. Sie suchen gemeinsam nach dem «Stein der Weisen», der dem Menschen Reichtum und vermehrte Lebenskraft und Jugendlichkeit im Alter verspricht.

Doch sie arbeiten kostspielig und vergeblich. Obwohl sie alle ihre Versuche an den uralten Büchern und Handschriften der Paracelsisten ausrichten, will sich der Erfolg nicht einstellen. Vergeblich unterhalten sie in ihrem alchimistischen Ofen die notwendige Hitze – sie erreicht die notwendige Temperatur nicht, so vorsichtig sie auch zu Werke gehen. Doch der Finne hat auf einmal das richtige Gefühl. Es überkommt ihn während seiner unermüdlichen aber vergeblichen Versuche: «Es gibt noch einen Weg, dem ich in den Büchern nicht begegnet bin. Leicht möglich, daß ihn die Weisen vor der sinnlosen Menge verbargen.»

In seiner Verzweiflung fällt ihm sein Mädchen ein, das sich in die Wildnis zurückgezogen hatte. Da bietet sich ihm in der alchimistischen Küche ein unglaublicher Anblick: «Inmitten der Flammen stieg es vor ihm auf wie ein undeutliches Bildnis... Näher kam es und näher... nicht länger konnte er daran zweifeln... Es war Elssas Antlitz, sie lächelte ihm zu.»

Sie belehrt den unglückseligen Alchimisten, daß es bei seinem Werk gar nicht ohne die Kraft der Liebe geht. Nur gemeinsam können Mann und Frau die Macht des Salamanders entfesseln, die allein das Geschenk des mächtigen Steins der weisen bringt: «Ich habe dein Rufen gehört; schon längst hättest du an mich denken sollen... denn all deine gewaltige Arbeit ist vergebens.» Immer werde dem Werk der Alchimisten, zumindest wenn man es nur als Chemie begreife, das Entscheidende fehlen.

Die Salamander-Frau lehrt aus den Flammen heraus: «Oh, ihr unverständigen Menschen! Ihr wollt das gewaltige Geheimnis enthüllen, ohne den Salamander herbeizurufen! Ohne ihn ist euer Feuer ja tot... Auch für uns (Salamander) ist dieses Werk voller Schwierigkeiten, und nur mit Angst wagen wir uns daran. Für dich bin ich aber zu allem bereit. Schlummere denn ein, schlaf ein, mein lieber Jakko; schöpfe neue Kraft. Ich werde an deiner Statt deine Arbeit beaufsichtigen.»

So zeigen die Sinnbilder der Alchimisten, über die wohl Paracelsus am verständlichsten berichtete: Das Geheimnis der Umsetzung der chemischen Elemente, also die Herstellung des verjüngenden «Steins der Weisen», ist die Liebe zwischen den Menschen und den Naturkräften. Der Salamander, der sich schlangengleich um die Gefäße der Verwandlung windet, ist geradezu sinnlich-übersinnlich. Oder wie Fürst Odojewskij das unfaßbare Feuerwesen reden läßt: «Nein Jakko, jetzt kannst du mich nicht umarmen. Ich werde am Tage vor dir in meiner irdischen Gestalt erscheinen, du aber wirst mich dann nicht verlassen, Jakko, nicht wahr?»

Beschwörung des Salamanders

Die Flammenwesen gehören wohl zu den von Paracelsus erwähnten «Wesen der Elemente», die sich mit den Menschen verbünden. Wer sich ihnen voll hingab, dem sollen sie unermeßlichen Gewinn gebracht haben. Vernahmen freilich die Ketzerrichter von solcher Zusammenarbeit, galten sie ihnen als «Teufelsbünde» – so sehr Paracelsus über diesen grausamen Irrglauben auch spotten mochte. Selbst blaße Gerüchte darüber genügten, alle Beteiligte entweder grausam hinzurichten oder zumindest aus der Heimat zu vertreiben.

Zurück zu unserem Alchimisten! Wie ihn der Salamander auffordert, «schläft» er nun während seiner langwierigen und gefährlichen Arbeit. In einem Zustand zwischen Wachen und Traum, in dem in unseren Sagen die meisten Begegnungen mit den Wunderwesen stattfinden, sieht er das Spiel der Kräfte... «Er sprach zu ihr (der Feuerfrau), und sie entgegnete ihm. Und häufig geschah es, daß das (alchimistische) Gefäß für einen Augenblick durchsichtig wurde und in ihm sich (für seinen Zustand der gesteigerten Wahrnehmung) die wunderbarsten Vorgänge abspielten...» All die Märchengeschöpfe, bekannt aus den alchimistischen Handschriften und den Sagen des Altertums, erscheinen ihm. Sie sind nun eindeutig die Bilder der Kräfte in den Elementen und in ihm selber, die er für die große Umwandlung herbeizuziehen versucht. «Manchmal erschienen im Gefäß zwei Löwen, die einander verzehrten. Immer wieder aber sah er Elssa in der Gestalt eines Salamanders, ein Krönchen auf dem Kopf. Wollüstig plätscherte das Salamanderwesen in dem feurigen Meere, und zwei Flammenströme quollen aus seinen jungfräulichen Brüsten.»

Was wir noch immer in den alten Handschriften, die bis in die griechisch-ägyptischen Zeitalter reichen, als eigenartige Phantasien bestaunen, war den alten Alchimisten eine geheimnisvolle Wirklichkeit. Der Fürst, der gleichzeitig die alten Geisteswissenschaften und die Naturwissenschaften liebte, verrät uns: «Wenn Jakko die wunderbaren Gesichte (die ihm dank dem Salamander zuteil wurden! S. G.) betrachtete, mußte er stets daran denken, daß er Ähnliches bereits in den Büchern des (vielgerühmten Alchimisten) Basilius Valentinus und der anderen hermetischen Philosophen gesehen hatte. Damals jedoch hatte er die Abbildungen lediglich für ein Symbol gehalten, mit dem die Weisen ihre Mysterien verhüllten, jetzt wurde unserem Alchimisten alles verständlich und klar.»

Wladimir Odojewskij zeigt uns, daß dieses Geheimnis des Lebens in den Elementen kein «Goldmacher» verstehen kann, der nur nach Reichtum und Macht sucht und keine Liebe zum Leben kennt. Der Graf, der den Fleiß des Finnen Jakko auszunützen sucht, lacht über den Glauben an die geheimnisvollen Beschwörungen des Salamanders: «Was bedeutet denn (in den Schriften der Alchimisten) ein Salamander? Es ist nichts als ein symbolisches Wort.» Unter ihm hätten die großen Weisen die Wirkung des Feuers, «zuweilen aber auch den Stein (der Weisen) selber, begriffen: «Der im Feuer brennt, ohne zu verbrennen.»

Unterdessen begegnet Jakko wieder der jungen Frau, die in Wirklichkeit das Feuerwesen ist, in ihrer «irdischen Gestalt». Von der Macht des Salamanders, der durch sie wirkt, weiß sie in ihrem wachen Zustand nichts. Sie weiß nur, daß ihr der alte und weise Finne in ihrer Kindheit die Beziehung zur Welt der Salamander erschlossen hatte. Sie weiß auch, daß sie seit ihren frühen Jahren den Alchimisten Jakko liebt und bereit ist, ihm bis zum Tode mit all ihren Energien zu helfen.

Wir wollen hier die Geschichte, die zu den besten magischen Romanen unserer Kultur gehört, nicht noch weiter nacherzählen. Jakko nähert sich dank der Hilfe des ihn liebenden Salamandermädchens sämtlichen zeitlosen «hermetischen» Geheimnissen der Weisen. Doch alles endet in einer grauenhaften Katastrophe. Die Schuld für das Versagen sieht der Verfasser ganz offensichtlich in Machtgier und Eigennutz, die damals St. Petersburg, «die Hauptstadt des Nordens», durchtobten.

Die Erzählung mag damit die gültige Urkunde für das Unglück sein, das größenwahnsinnig gewordene Zivilisaionen über ganze Völker zu bringen vermögen. Zwar ermöglichen ihnen die Verbindungen der verstandesmäßigen Forschung und der mißbrauchten Erfahrungen der «primitiven» Urbewohner unvorstellbare Erkenntnisse. Doch der Mangel an jeglicher Liebe und damit an Rücksicht gegenüber der Natur verunmöglicht den Menschen, echten Nutzen aus ihren selbstsüchtigen Forschungen zu gewinnen.

Die Vorstellung von den Salamandern war für unsere Vorfahren das lebendige Bild der Mächte im Feuer. Sie erblickten es, wenn sie in die Flammen schauten und in ihnen, trotz all ihrer Gefährlichkeit, befreundete Energien zu erkennen glaubten.

Im Tierpark der Kobolde

Riesenfaultiere im Tropenwald

Auch das Riesenfaultier (Mylodon) gab es einst wirklich.
Gelegentlich wird vermutet, es verberge sich immer noch
in den von der Zivilisation bedrohten Tropenwäldern.

Die von den Europäern erst spät entdeckten Erdteile Australien und Südamerika haben ihre Rätselhaftigkeit auch nach Jahrhunderten für uns nicht verloren. Die Sagen der Eingeborenen und die Furcht der Einwanderer, «in einer fremden Umgebung zu sein», vermischten sich in ihnen zu Visionen gespenstischer Tiere. Die Grenze zwischen Spuk und unerforschter Zoologie ist noch immer nicht genau bestimmt.

Hier nur ein einziges Beispiel dafür: An den Bäumen der gefährdeten Amazonas-Urwälder von Brasilien bewegen sich, unnachahmlich langsam, die kleinen Faultiere. Ihre runden Gesichter haben einige Züge, die uns beinahe menschenähnlich vorkommen. Dies hat bewirkt, daß das rührend harmlose und auf dem Boden hilflose Geschöpf die Phantasie der Menschen stark beschäftigte, die der Indianer nicht weniger als die der weißhäutigen Eroberer.

Trotz der furchtbaren Zerstörungen, denen die Urwälder am Amazonasstrom in den letzten Jahrzehnten ausgesetzt waren, ist der Streit über das geheimnisvolle «Riesenfaultier» noch lange nicht beendet. Soeben berichten die Zeitungen: «Mehr als hundert Hinweise hat Dr. Oren (vom brasilianischen Amazonas-Forschungs-Institut) in den vergangenen neun Jahren über die Existenz des Waldmenschen erhalten... Die Beschreibungen aller, welche die Kreatur gesehen haben wollen, deuten darauf hin, daß es sich um ein Riesenfaultier handeln könnte. Solche Tiere, groß wie Grizzlibären, hat es tatsächlich in der Vorzeit gegeben» (Der Bund, Nr. 43, Bern, 21.2.94). Die Spukgeschichten der Eingeborenen schreiben dem gewaltigen Wesen eine Lederhaut zu, die es gegenüber Geschossen fast unverletzlich macht. Dazu verleihen ihm seine gewaltigen Krallen eine besondere Gefährlichkeit für den Jäger. Es soll, vielleicht wegen seiner Größe, recht rascher Bewegungen fähig sein, was es von seinen kleinen und wohlbekannten «Verwandten» im Amazonaswald unterscheidet.

Die Ausgrabungen geben uns tatsächlich gute Nachrichten über ein Riesenfaultier, das es einst wirklich gab. Es muß so mächtig gewesen sein, daß es wohl kaum auf den Bäumen herumkletterte, sondern diese mit seinen bärenstarken Muskeln und scharfen Krallen zu sich niederbeugte. Das Geschöpf aus der Urzeit läßt sich leicht mit einem Wesen der Überlieferungen der Amazonas-Indianer vergleichen: Dieses soll gewaltig sein, magische Eigenschaften und dazu eine Listigkeit besitzen, die diejenige des Menschen erreicht, wenn nicht sogar übertrifft.

Die Funde und auch die Sagen um das Riesenfaultier haben schon früh die Phantasie der Außenseiter-Forscher entfesselt. Ernst Betha, der sich ganz wilden Ideen zur menschlichen Vorzeit hingab, sah hier die Hinweise auf eine fast verlorene Tradition: Aus den mächtigen Faultieren habe sich eine Riesenrasse mit rötlichem Fell entwickelt, die durch ihre Körperstärke und auch ihre hochentwickelte Intelligenz den Ahnen der eigentlichen Menschen stark zusetzte...

Der Wissenschaftler Dr. David C. Oren rüstet sich 1994 zu einer Expedition, weil auch er es für möglich hält, daß in den Tropenwäldern dieses «Riesentier, das es nicht gibt», doch irgendwie unserer Wirklichkeit angehören könnte! Wenn sich aber auch diese Forschungsreise als vergeblich erweisen sollte, werden wir eine erneute Bestätigung für eine Lehre erhalten, wie wir sie immer genauer unter naturverbundenen Völkern nachweisen können: Die Geschöpfe der Urzeit, gewaltig und im Besitz von einzigartigen Gaben, sind nicht völlig ausgestorben.

Sie leben in «Geisterwelten» noch heute und können darum, zumindest unter gewissen Bedingungen, Menschen erscheinen, die dafür empfänglich sind. Die Liebe der ursprünglichen Stämme zu ihrer Umwelt, die sie trotz schwerer Entbehrungen nicht aufgeben und verlassen, wird dadurch verständlicher. In ihren magischen Traumbildern können diese naturverbundenen Völker nachvollziehen, wie ihre Heimat entstand, sich durch Zeitalter wandelte und damit für ihre Menschen bewohnbar wurde. Sie glauben, durch solche Gesichter mit ihrer Erde seit Beginn der Schöpfung verbunden zu sein.

Solche Sagenkreise der Eingeborenen sind von einer Lebendigkeit erfüllt, der sich auch der «Zivilisierte» kaum entziehen kann. Wenn sich gerade in den für uns «neuen» Erdteilen auch unter den Einwanderern so viel Sinn für Ursprüngliches ausbreitet, handelt es sich meist um die Beeinflussung durch die einheimischen Kulturen.

Die Meer-Katzen in Hexenküchen

Der «Koboldmaki» (Tarsius spectrum) verweist schon durch sein Aussehen auf unzählige Spukberichte.

Der Faust von Johann Wolfgang Goethe steckt voller Hinweise auf alte Volkssagen und Berichte über den Glauben an wunderbare Elementarwesen. Wer erinnert sich nicht an das Meerkatzenpaar, das sich zärtlich verbunden fühlt und dazu noch die menschliche Sprache beherrscht? Die beiden Meerkatzen arbeiten in der alchimistischen Zauberküche einer Weisen Frau. Sie helfen ihrer Meisterin einen Trank herzustellen, den nicht einmal der Teufel machen kann.

«Meerkatze» bedeutet nun einmal, im Sinn der lebendigen deutschen Sprache, nicht etwa eine Katze, «die aus dem Meer kommt». Das Wort verweist auf ein Tier, das in der Ferne, also jenseits der weiten Wasserfläche, seine ursprüngliche Heimat besitzt. (Ähnlich bedeutet ja unser Meerschweinchen ein kleines Geschöpf, das man über den Atlantischen Ozean aus Südamerika einführte.)

In den großen Tierbüchern, die wir seit Entdeckung der Druckerkunst besitzen, bedeuten die Meerkatzen einwandfrei eine bestimmte Affenart, wie man sie vor allem aus Indien kannte. Selbstverständlich berichtete man auch über sie viel Märchenhaftes, so etwa im Werk von Conrad Gesner. Das Wohlbefinden und die Fröhlichkeit dieser Wesen soll mit der Kraft des Nachtgestirns deutlich zunehmen. «Bei neuem Mond trauern, bei vollem aber freuen sich die Meerkatzen.»

Wir dürfen niemals vergessen, wie häufig man die Bezeichnungen von sagenhaften Märchengeschöpfen Tieren gab, die man neu entdeckt hatte und nach Europa brachte. Die erwähnten Mitarbeiter in der Hexenküche erinnern uns weniger an echte Affen, da man diesen zwar äußere Menschenähnlichkeit, aber selten tiefes magisches Wissen zutraute. Dies besitzen in den alten Sagen vor allem Kobolde, die deutlich zwischen Zwergen und Katzen stehen. Sie können in den Geschichten bald wie vierfüßige Wesen herumtollen, und sich dann wieder aufrichten und ihre Händchen «wie unsereiner» als Werkzeuge verwenden.

Ihre in der Nacht aufleuchtenden Augen durchdringen spielend die Finsternis und schauen all die geheimen Dinge, die sie uns verbirgt. Gelegentlich unternehmen sie Riesensprünge, die fast schon an ein Fliegen von Baum zu Baum erinnern. Ihren menschlichen Verbündeten bringen sie so in Blitzesschnelle die für ihre Künste notwendigen Wunderkräuter. So hat wohl auch die Hexe die Bestandteile für den Trank gesammelt, dank dem

Goethes «Faust» sein irdisches Dasein verlängern kann und sich zu einem blühenden Jüngling wandelt.

An Geschichten um solche Kobolde mögen wohl die mutigen Seeleute gedacht haben, als sie bei ihren Fernfahrten die wunderbaren Halbaffen entdeckten. Mit ihren rundlichen Köpfen, den außerordentlich großen Augen und ihren spitzen Öhrchen erinnern sie eher an Katzen. Aus diesem Grunde hat man einige ihrer Arten entsprechend Katta, Katzenmaki genannt. Ihre Pfoten sind dagegen den Händen von uns Menschen deutlich vergleichbar, da ihre Daumen den übrigen Fingern entgegenstehen und sie so einen Gegenstand ähnlich wie wir zu ergreifen vermögen.

Das Nachtleben dieser Geschöpfe ließ tatsächlich die Sagenwelt der Vergangenheit aufklingen. Man nannte all diese Arten, die auf der Insel Madagaskar und in Indonesien entdeckt wurden, in ihrer Gesamtheit «Lemuren». So hießen schließlich schon im römischen Zeitalter die nächtlichen Koboldvölker. Die Reisenden vernahmen im übrigen, daß sie von den Einheimischen der südlichen Inselwelt gar nicht als «richtige» Tiere angesehen wurden.

Vom Lemuren, den man auf der Insel Madagaskar Babakoto nennt, finden wir z.B. in der ersten Auflage von Brehms einzigartigem Tierleben: Die Eingeborenen, die schließlich seit Jahrhunderten mit ihnen zusammenleben, halten sie geradezu für «übernatürliche Wesen» und für «heilige Tiere, weil sie glauben, daß ihre Eltern sich nach dem Tode in sie verwandeln». Aus diesem Grunde seien die Einheimischen fest davon überzeugt, daß auch die Bäume, auf denen die Lemuren leben, besondere Eigenschaften aufweisen. Sie seien gleichsam Gewächse des Naturparadieses, auf denen «unfehlbare Arzneimittel gegen unheilbare Krankheiten» gedeihen.

Einige führende Naturwissenschaftler des 19. Jahrhunderts vermuteten, daß gerade die seltsamen Lemuren zu den nächsten tierischen Verwandten der urmenschlichen Stämme gehören könnten. Die «richtigen» Affen und namentlich die intelligenten Menschenaffen (Schimpanse, Gibbon, Urang-Utang) seien somit nur ziemlich entfernte Nebenzweige im umstrittenen Stammbaum des Menschen.

Aus solchen Vermutungen entstand, ebenfalls im 19. Jahrhundert, die Theorie vom Erdteil Lemurien, der allmählich bis auf seine Reste Madagaskar und Indonesien im indischen Ozean versank. Das sei der geheimnisvolle Ursprung der Koboldrassen wie der Katzenmakis gewesen, aus denen nach und nach die Vorfahren des eigentlichen Menschen entstanden. Man stützte sich bei solchen Vermutungen gelegentlich auf südasiatische Sagen von paradiesischen Ländern, auf denen alles in Hülle und Fülle wuchs, die einst zwischen Afrika und Java lagen...

Waren die seltsamen Koboldkatzen der Hexengeschichten weder Geister noch eine im Mittelalter verschwundene Tierart? Vielleicht haben sie ihren Ursprung im Traum von einem ursprünglichen Wesen, das trotz seiner äußeren Kleinheit unser eigentlicher Vorfahr war: wegen seiner geistigen und körperlichen Gaben überlebte er durch Jahrmillionen zahllose Erdkatastrophen. Nicht zuletzt dank seiner fast schon menschlichen Hand stieg er zu Lebensformen auf, die immer mehr unseren eigenen glichen. Die hübschen Pfötchen der Lemuren ermöglichten ihnen nach und nach die Verwendung der ersten Werkzeuge und den Austausch von nicht-tierischen Zärtlichkeiten.

Es wird überliefert, daß die berühmten Hexen des Baskenlandes und der angrenzenden Gebiete von Spanien und Frankreich sehr häufig mit mutigen Seeleuten verheiratet waren. Diese fuhren vor allem nach Ostindien, wobei sie Afrika und die Inseln der Ozeane für Zwischenlandungen benutzten. Hat also damals die Begegnung mit den Lemuren, diesen Säugetieren, die wirklich wie Märchengeschöpfe aussehen, die uralten Sagen neu bestätigt?

Bekannt ist auf alle Fälle, daß das Hexenvolk dauernd in seltsamen Tierträumen schwelgte, in denen Geschöpfe auftraten, die es in ihrer wirklichen Umgebung kaum gab. Zu diesen Bildern der Urzeit, die in der Dunkelheit unseres Unbewußten weiterleben, mag auch die Gestalt der großäugigen und niedlich bepelzten Lemuren gehört haben: Dieser Kobolde, die es «jenseits der Meere» noch immer gibt und die gleichzeitig aussehen können wie Äffchen und Katzen.

Zwergbären, unsere treuen Freunde

Die sogenannten Lemuren, hier die Schlankloris, waren in der Urwelt sehr verbreitet und artenreich. Sind die Märchen um die «Geschöpfe der Nacht» Erinnerungen an eine entschwundene Tierwelt?

Bereits 1964 faßte ich in meinem Buch Magische Gegenwart – Forschungsfahrten durch modernen Aberglauben zusammen: Die Spielzeugbären verdrängen in modernen Geschichten und Kinderfilmen allmählich die altmodischen Feengeschöpfe. «Gleich diesen Wesen der Märchen aus der Zeit der Urgroßeltern erscheint er (der Teddy) den Kindern im Traume, führt sie in wunderbare Zauberreiche und beschützt sie auf solchen Wunderwegen vor allerlei dunklen und boshaften Mächten.»

Wie bei ziemlich allen Märchentieren hat man auch die Teddybären gelegentlich an seltene und phantasieanregende Geschöpfe angeglichen, die es irgendwo wirklich gibt. Wir erinnern nur an den niedlichen, sich von Eukalyptuspflanzen ernährenden Koala-Bären aus Australien, oder auch an den Waschbären. Doch die gesamte neuere Mode und auch der Name des Teddy gehen einwandfrei auf einen jungen Braunbären zurück. Der 26.

Präsident der Vereinigten Staaten, Theodor («Teddy») Roosevelt, ging im Staat Mississippi auf die Jagd. Er sollte dabei, der Einfachheit wegen, einen festgebundenen kleinen Bären abknallen. Eine solche entartete «Jagd» widerte aber den mächtigen Mann an – er konnte nicht schießen. Dies bewies der Welt endgültig, daß ein Bärchen auf uns niedlich, kuschelig, weich, alle Gefühle der Zärtlichkeit auslösend wirkt.

Selbstverständlich scheint es zu allen Zeiten Bilder oder Maskottchen von Wesen gegeben zu haben, die bereits an den Teddy erinnerten. In der nordrussischen Stadt Jaroslawl soll, wie wir schon im Buch Tiermenschen erzählten, ein finnisches Volk der Bärenverehrer gehaust haben. Bis in unser Jahrhundert hinein hatte man dort hübsche geschnitzte oder mit richtigem Fell verkleidete Spielzeuge, «die als Glücksbringer galten». Man machte ihnen mit bunten Knöpfen große Augen und sagte, daß sie im Finstern alles sahen «und darum die schlafenden Kinder zu beschützen vermochten».

Dies habe ich zufällig bei einem Besuch der «Bärenstadt» Jaroslawl vernommen. Doch auch in meiner Heimatstadt Bern gab es im 19. Jahrhundert Abbilder oder Schnitzereien des Wappenbären wohl in jeder Kinderstube. Aus ähnlichen Quellen des volkstümlichen Kunsthandwerks waren die kleinen Bären in Europa, schon vor den eigentlichen Teddys, wahre Magneten im Spielwarenhandel. Pauline Cockrill weist in ihrem Buch darauf hin: «Diese Bären mit Uhrwerk, die tanzen, trinken oder rauchen konnten, waren sehr beliebt. Viele kamen von französischen Herstellern wie Descamps und Martin.»

Zur besonderen Rolle Frankreichs bei der modernen Kinderfreundschaft mit Bären darf man im übrigen eine wichtige Tatsache niemals vergessen: In dieses Land wanderten gerade damals viele osteuropäische Zigeuner ein, die mit Bären erstaunliche Kunststücke aufführten und sich mit diesen Tieren geradezu verwandt fühlten. Einheimische haben die Freude an solchen Aufführungen übernommen und ganz Frankreich damit begeistert. Die Bären tanzten nicht nur zur entsprechenden Musik, sondern man ließ sie auch Schwache und Kranke, angeblich mit regelmäßigem Erfolg, mit den Tatzen «massieren». Der urtümliche Volksglaube an die heilsamen und glückbringenden Bärenkräfte wurde dadurch bestärkt.

Die Liebe zum Teddybären besitzt auf alle Fälle Wurzeln in unserer Seele, die älter sind als unsere geschriebene Geschichte. Handelt es sich, ähnlich wie bei den Meerkatzen in den Hexenküchen, um Urerinnerungen der menschlichen Rassen? Die Ahnen der heutigen höheren Säugetiere waren in der Saurierzeit zweifellos kleine Wesen, die in der Nacht lebten, um den beschuppten Eidechsen auszuweichen. Diese Geschöpfe, unter denen die Forschung auch unsere Vorfahren vermutet, wirkten geradezu koboldhaft.

Um sich gegen die mächtigen Reptile durchzusetzen, mußten sie eine hohe Intelligenz entwickeln. Möglicherweise wurden sie sogar zu den eigentlichen Besiegern der gepanzerten Riesen. Man kann geradezu vermuten, daß sie, stets «nachtaktiv», die Eier der Echsen mit ihren Krallenpfoten zerstörten und so das Zeitalter der Säugetiere einleiteten.

«Teddybär, nimm mich bei der Hand – führ mich zurück in mein Märchenland.» Ungefähr so vernahm ich es in einem Schlager. Stammt auch die Beliebtheit der kleinen, pelzigen, menschenähnlichen Tiere aus dunklen Erinnerungen? Beglückt das märchenhafte Bärchen Kleine und große Kinder, weil in diesen noch Bilder aufsteigen – die Ahnungen aus den Urzeiten sind?

Vom Puma in England

Die bernische Sagensammlerin Hedwig Correvon erzählte uns von Gespensterkatzen, deren Größe die des Menschen weit zu übertreffen scheint. Gelegentlich berichten die Hexengeschichten von ähnlichen Geschöpfen, auf denen ihre menschlichen Freundinnen durch die Mondnächte reiten: «Sie sind stärker und schneller als Pferde.»

Von wo kommen solche Riesenraubtiere in unsere dunkelsten

aber offensichtlich unsterblichen Überlieferungen? Gerade aus dem Alpenraum zogen viele Söhne als Söldner in andere Erdteile, und etliche von ihnen nahmen im 18. und 19. Jahrhundert an indischen und afrikanischen Kriegen teil. Brachten sie dabei etwa Felle von Großkatzen nach dem Norden und entzündeten damit die Volksphantasie? Erzählten aus dem Osten einwandernde Nomaden von der Tierwelt abgelegener Länder? Überlebt im Geist von ursprünglichen Menschen die Erinnerung an all die gewaltigen Höhlenlöwen und Säbelzahntiger, denen unsere fernsten Ahnen begegneten?

Der größte Held der Griechen, Herakles, der Sohn des Donnergottes Zeus, trägt ein Löwenfell als Zeichen seiner Kraft. Dieses Tier gab es einst wirklich im südlichen Europa, und man hat es, wenn wir den überlieferten Geschichten trauen, fast mehr bewundert als angestaunt: In der Astrologie wurde es zum Sinnbild des königlichen Gestirns Sonne. Den Alchimisten bedeutete es das wertvollste der Metalle, das Gold.

In Amerikas Urkulturen wurde die Großkatze Jaguar zu einem Abzeichen der Königswürde. Sie galt ebenfalls als Liebling der indianischen Magier, die sich angeblich ebenso in sie verwandeln konnten wie die Angehörigen der afrikanischen und asiatischen Geheimbünde in Leoparden. Es ist eigentlich verständlich, daß, wenn in einem Land die malerischen Großkatzen völlig verschwanden, die Eingeborenen sich irgendwie vereinsamt fühlten. Von einem Ethnographen weiß ich, daß auf indonesischen Inseln auch dort Tiger und Panther regelmäßig geschaut werden, wo sie längst für völlig ausgerottet gelten.

Am auffallendsten sind die schönen Berichte über die südenglischen Pumas, über die sogar die örtliche Polizei fleißig ernsthafte Aussagen sammelt. John Mitchell und Robert Rickard versichern uns in ihrem Buch über die heute noch unerklärbaren Wunder: In den Aufzeichnungen einer einzigen Polizeiverwaltung konnten sie für die Jahre 1962 bis 1964 nicht weniger als 362 Berichte über die Begegnungen von Menschen mit einer Großkatze nachlesen... Die beiden erwähnten Erforscher des Unbekannten versichern, daß sie für jede Grafschaft des südlichen England, also von Norfolk bis Cornwall, entsprechende Zeugnisse anführen könnten, dazu noch für jedes Jahr, angefangen in den fünziger Jahren.

Auch hier wurde die Vermutung geäußert, daß die verschwundenen Tiere in der feinstofflichen Welt in einem wirklich sicheren Naturschutzpark überleben! Sie erscheinen deshalb, als gäbe es sie immer noch, vor allem solchen Menschen, die über entsprechende «übersinnliche» Anlagen verfügen.

Hier finden wir wiederum die außerordentlich tröstliche Ansicht, nach der vom Menschen ausgerottete Wesen auf der Astralebene überleben – um dann später, dank uns noch unbekannter Naturgesetze, plötzlich wieder materiell und sichtbar auftreten zu können. Die Russin S. N. Popowa bekämpft zwar diese Ansicht, führt aber ebenfalls eine Unzahl von Fällen an, in denen längst als ausgestorben geltende Tiere auf einmal wieder auftauchten. Dies geschieht in der Gegenwart vielfach in Gegenden, die zu den erforschtesten und zivilisiertesten der Erde gehören. (Soeben sehe ich im Fernsehen einen Bericht über das sensationelle Auftauchen von Leoparden in Israel!)

Popowa stellt deshalb fest: «Man kann sagen, daß viele wissenschaftliche Entdeckungen der Gegenwart ernsthaft die Sicherheit erschütterten, die noch kürzlich als endgültige Wahrheit galt... Dies ist keinerlei Mystik. Wir erkennen einfach die Beschränktheit des menschlichen Wissens.» Dazu ist kaum etwas beizufügen. Eine eingebildete Aufklärung bricht zusammen. Der Mensch erkennt von neuem, daß er wirklich noch nicht alles weiß.

Die «indischen» Flügelkatzen

Es gibt ein kleines deutsches Büchlein von 1772, das den stolzen und etwas übertriebenen Namen *Versuch einer Katzengeschichte* trägt. Es enthält nur ein Bild, einen Kupferstich, gegenüber dem Titelblatt: Es ist die Darstellung einer geflügelten Katze.

An dieses Wesen hat man, etwa seit den Tagen des gelehrten

Jesuiten und phantastischen Naturforschers Athanasius Kircher, fest geglaubt. Aus Tieren aller Art geschickt zusammengesetzt, zeigte man es auf Jahrmärkten den Gaffern. Eigentlich ist es ein echtes Märchengeschöpf, auch wenn man es lange für wirklich hielt. Schließlich kennt, wie schon erwähnt, der Volksglaube echte «Katzenkobolde», die den Hexen treu dienen sollen. Man erzählte etwa, daß sie «rasch wie der Blitz» durch Wetter und Wolken fliegen, um die Aufträge ihrer Herrinnen auszuführen.

Seit jeher betrachtete man die Katzen als Wesen, die in geradezu unheimlichen Ausmaßen den Gegebenheiten der Natur entsprechen. Ihre Sinne, die den Tag wie die Nacht durchdringen, wurden nicht weniger bestaunt als die Geschwindigkeit ihrer Wendungen. Die Fähigkeit, «die Maus unter der Erde zu fühlen» oder von einem hohen Baum geschickt auf die Erde zu fallen, verbreiteten um das Tier den Ruf der Magie. Eine Art, die dazu noch Flügel besaß, wurde geradezu zum Sinnbild der Vollkommenheit: Wir verwundern uns darum nicht, daß noch immer solche Geschöpfe in phantastischen Romanen und Comic-Geschichten vorkommen. Selbstverständlich als Bewohner von anderen Planeten, auf denen der Mensch kaum als höchst entwickeltes Geschöpf angesehen werden könnte.

Die «geflügelte Katze» wohnte nach Ansicht der alten Naturforscher in Kaschmir, das man damals zwar auf den geographischen Karten fand, das aber noch als ein echtes Märchenland galt. Auf den mächtigen Bäumen in den Bergen sollten sie vorkommen. Der Verfasser der deutschen «Katzengeschichte» stand im übrigen den Berichten über die Kaschmir-Katzen eher kritisch gegenüber. Er betrachtete sie «zwar anfangs fabelhaft», war dann aber «endlich nach genauer Betrachtung der Umstände» überzeugt, daß es in Indien ein ähnliches Tier geben müsse. Er sah in den «fliegenden Katzen» eine Art Flatter- oder Fledermäuse, die freilich «größer als eine Henne oder Gans wären».

Der Körper dieser Geschöpfe war nach ihm völlig mit Fell bedeckt, genau «wie die Katzen». Auch der runde Kopf mit den Ohren ist «wenig von den Katzen unterschieden». Wenn wir diese

Stelle aus dem 18. Jahrhundert aufmerksam lesen, können wir uns vorstellen, daß auch hier die alte Naturkunde ein wenig vom europäischen Volksglauben beeinflußt wurde: Schließlich gibt es romanische Mundarten, in denen man von bestimmten Arten der Fledermäuse eben nicht als von «Mäusen», sondern von «Katzen» redet.

Selbstverständlich ist es gut möglich, daß es sich bei den Kaschmir-Katzen weniger um Naturbeobachtungen handelt, sondern wiederum um Einflüße der volkstümlichen Sagenwelt. Man war überzeugt, daß die hilfreichen Kobolde der Hexen bei ihren Flügen ebenso die Gestalt der Zauberkatzen annehmen konnten wie die der Fledermäuse. Da sich beide Tiere erstaunlich rasch durch die unsicheren Schatten der Nacht zu bewegen wissen, vermischten sich für das Volk beide Bilder.

Für die Zoologen, die noch an eine Vielzahl von unentdeckten Tieren glauben, ist die «fliegende Katze» nicht unmöglich. Die alten Bilder, die wir von ihr besitzen, zeigen sie nicht etwa mit Vogelflügeln. Zwischen den Vorder- und Hinterpfoten sitzt eine Flughaut, die sie nach Lust und Laune zu spannen vermag. Sie ist damit dem berühmten und realen «fliegenden Eichhörnchen» sehr ähnlich, das eine vergleichbare Vorrichtung zum Schweben besitzt. Es ist eigentlich ohne weiteres möglich, daß während der langen Erdgeschichte noch andere Säugetiere die Fähigkeit eroberten, ihre weiten Sprünge zu einem Flug zu entwickeln.

Schließlich haben die Säugetiere im Zeitalter ihrer höchsten Entwicklung, dem Tertiär, wahrscheinlich eine Fülle von seltsamen Arten entwickelt, von denen wir nur teilweise Reste vorfinden. Von einer solchen glaubwürdigen Annahme ist es nur ein Schritt zur Behauptung, die man kaum widerlegen kann: Irgendwo in den bis heute schlecht erforschten Tälern von Kaschmir, Pamir und Himalaja gibt es noch immer Wunderkatzen, deren Eigenschaften die Begabungen ihrer heutigen Verwandten weit übertreffen.

Doch gerade die fliegenden Katzen der europäischen Sagen- und Sprachenwelt verstärken, wie bei den anderen Märchentieren, unsere Vermutung: Sie gehören in die Ahnenträume, die in unserer Seele leben. Deshalb glauben wir alle noch immer so gern an die unsicheren Berichte, die sie «beweisen» sollen.

Die Weiße Schlange

Gelegentlich werden in den Alpensagen die Tatzelwürmer und die Weißen Schlangen verwechselt. Bei den einheimischen Wundertieren der zweiten Art fehlen jedoch die vielbestaunten «Vorderpfötchen». Dafür haben sie als Besonderheit die häufig erwähnten «Edelstein-Krönchen» auf den schlanken Köpfchen. Für diese gibt man gern die sachlich-naturwissenschaftliche Erklärung: Die Schlangen wechseln bekanntlich jährlich ihre Haut. Wenn sich diese zu lösen beginnt, hängen Stücke von ihr wie Zacken über dem Haupt des Tieres: Sie glänzen dann gelegentlich in der Sonne und wirken auf den Betrachter wie märchenhafter Schmuck aus dem Feenland.

In vielerlei Geschichten heißt die Weiße Schlange im Volke auch der «Hasel-Wurm». Die volkstümliche Erklärung des Namens lautet: «Der Haselstrauch steht in enger Beziehung oder ‹Sympathie› zu der Feuchtigkeit in der Erde. Dessen Zweige geben darum in berufenen Menschenhänden ausgezeichnete Wünschelruten, die genau auf die verborgenen Wasseradern zeigen.» Der silbrig glänzende «Wurm» haust häufig in den verzweigten Wurzeln des Strauchs. Er ist der Träger der Lebenskräfte: Diese steigen aus den unterirdischen Quellen und schenken im Frühling den Pflanzen Wachsen und Gedeihen.

Vom großen Arzt und Philosophen Paracelsus (1493–1541) wird versichert, daß er dank einem Haselwurm die Sprachen aller Tiere erlernte – und damit den sicheren Einblick in sämtliche Naturgeheimnisse erhielt. Hier weiß widerum die Alpensage: Ein untreuer Schüler von Paracelsus habe ein wenig von der Schlange, die sein Lehrer in einem Kristallglas aufbewahrte, genossen. Dadurch habe er plötzlich alle geheimen Gedanken seiner Mitmenschen anzuhören vermocht. Doch bald habe der unvorsichtige Mann, als er über einen Jahrmarkt schlendern wollte, in Tobsucht und Irrsinn geendet. All der geistige Unrat, der Neid und die Tücke, die nun auf ihn von allen Seiten einströmten, wirkten wie mörderisches Gift auf seine noch schwache Seele.

Wahrscheinlich in enger Beziehung zum Glauben an das Strömen der Lebenskräfte unter dem Erdboden steht folgende Überzeugung: Die Weiße Schlange nähert sich gern den Kühen, die in den Alpen frei weiden dürfen. Sie saugt sich an ihren Eutern fest und genießt die Milch, ist also im Gegensatz zum übrigen Schlangengeschlecht ein echtes Säugetier! Manche führen sogar die weiße Färbung des Wurms auf diese Nahrung zurück.

Gelegentlich verdächtigte man kräuterkundige Frauen, die sich, da sie Hexen sind, in den Haselwurm verwandeln konnten, um in dem glänzenden Schuppenkleid die Milch der Gebirgshirten zu rauben. Schwarze Flecken sollen danach den Bauch der Kühe bedecken – und die Verdächtigung, eine Milchräuberin zu sein, konnte die «Zauberweiber» ebenfalls auf den Scheiterhaufen bringen. Doch wir vermuten, die ganze Vorstellung ist viel älter, als die Verleumdungen aus den Tagen der sadistischen Hexenverfolgungen. Man sagte schließlich bis in die Gegenwart: Die Kühe oder Ziegen, um die herum sich auf Bergweide oder im Stall die Weiße Schlange zeigt, sind besonders gesund und fröhlich. Die Nahrung, die sie dann ihren Besitzern schenken, ist voll starker Heilkraft.

Als ein Sinnbild der Erneuerung der gesamten Welt findet sich die Haselschlange auch im Volksglauben der Zigeunernomaden. Sie kommt, wie sie meinen, immer in der Karwoche aus den Tiefen der Erde, in denen sie in den Monaten der Kälte und Finsternis überwintert. Sie ernährt sich dann vom vielgenannten Ostertau: Dessen Heilkraft wird anscheinend auch von den Ungarn, Rumänen und den angrenzenden Slawen über alle Massen gepriesen. Er soll im Frühling die ganze Natur zur neuen Schönheit und Jugendfrische verjüngen.

Meine Mutter besuchte Ruthenien, als dieses Land noch den östlichen Zipfel der damaligen Tschechoslowakei darstellte. Sie hörte dort über eine Bauernfamilie, deren Angehörige in Liebesdingen und im Gewinn des Lebensunterhalts stets sprichwörtliches Glück hatten: «Sie haben wohl den Weißen Wurm in ihrem Keller.»

Der Oster-Hase

Das Weibchen der «Oster-Hasen» soll bekanntlich Eier «ins erste Gras» legen, die im Menschen sämtliche Lebenssäfte erwecken. Das Männchen kümmert sich dann noch besonders um diese Wundergaben und bemalt sie «mit der Farbe der Morgenröte». Ein Brauch, der noch heute im gesamten Abendland die Kinderphantasie erfüllt.

Hier und da besteht die Vorstellung fort, wie ich sie selber in der Nähe von Bern vernahm: Bei den herumtollenden März- oder Frühlingshasen kann es sich um besondere Tiere handeln. Sie sind getreue Helfer der «Waldfrau» oder «Hasenmutter». In deren einsamer Hütte oder Höhle können sie «tief im dunklen Wald» überwintern – und deren wohliger Wärme verdanken sie dann im Frühling ihre überschäumende Lebenskraft. Man erkenne sie daran, daß sie leidenschaftlich gern, «als wären sie Erdmännlein», auf ihren Hinterpfoten herumhoppeln. Tatsächlich «tanzen» recht viele Rammler auf diese Weise bei ihren tollen Liebesbräuchen: Im übrigen soll die als freundlich vorgestellte Hasenfrau einen weichen und langen Mantel tragen, angefertigt aus dem Fell ihres Tieres.

Überhaupt hat das maßlose Getue der kleinen Geschöpfe im Monat März eine unglaubliche Fülle von Sagen erzeugt. Ein ländlicher Naturforscher, Gadon Krebs aus Unterseen bei Interlaken, berichtete mündlich: «Jedes wilde Tier fürchtet in der Wildnis die Begegnung mit dem Menschen. So ist es, seit wir die Gemeinschaft aller Geschöpfe im Garten Eden verloren haben. Eine Ausnahme bilden nur gewisse Hasen im Frühling. Diese taumeln und torkeln herum, daß es uns fast erscheint, wir könnten sie mit den bloßen Händen erfassen. Aus diesem Grunde hat der Volksglaube angedeutet, daß es sich hier gar nicht um richtige Tiere handeln kann, wohl eher um Kobolde in Wald und Flur. Auf den «Tanzboden» der Hasen soll das neue Gras im Kreis «besonders schön und grün» emporsprießen.

Als fast noch wunderbarer als der Rammler galt sein Weibchen: Solche Tiere, die in der Jahresfrühe als erste mit dem «Lieben» anfangen, «um nicht Zeit zu verlieren», gelten als sehr fruchtbar. Man hat recht häufig Tierkörper aufgeschnitten, in deren Bauch Nachwuchs in ganz verschiedenen Entwicklungsstufen war. Ich habe in Vorträgen zur «Volks-Zoologie» dies recht häufig erwähnt und vernahm dazu öfter den Spott, es sei «Jäger-Latein und Aberglauben».

Vor drei Jahren hat mich dazu der Tiermaler Hans Rüttimann, schon als Kind unermüdlicher Naturbeobachter im Aaretal, auf eine Reihe von gründlichen Werken der modernen Forscher hingewiesen: Fälle der sagenhaftenÜberfruchtbarkeit gewisser Häsinnen scheinen jetzt neuentdeckt und nachgewiesen. Anscheinend gibt es also tatsächlich Tiere in unserer Umgebung, für die fast das ganze Jahr Liebesfrühling ist. Bei andern Wesen ist die Zeit der maßlosen Leidenschaften, der Trächtigkeit und der Kinderpflege getrennt – hier anscheinend gar nicht . . .

Das erwähnte, heute von der Autobahn durchzogene Aaretal galt einst als malerisches «Hasenparadies». Man erzählt, daß sich hier im Frühjahr die Jäger trafen, in besonderen Jagdschlößchen und in Gaststuben, deren Wirte selber «zu ihrer grünen Zunft gehörten». In den ersten Tagesstunden, die man bei Umtrunk und entsprechenden Geschichten abwartete, ging es dann zu den Pfaden durch Uferwald und Sumpf: Man wanderte zu den Plätzen, wo eben die Hasen herumhüpften, «und die schöne Zeit begrüßten».

Waffen soll man bei dieser ersten Begrüssung gar nicht mitgenommen haben. Es galt als Sünde und Verbrechen, diesen ersten Liebesrausch durch Herumknallen zu stören: Würde man es doch tun, glaubten einige, wäre ihre weitere Tätigkeit ohne Segen.

VII. Wunderbare Luftgeschöpfe

Der unsterbliche Phönix

Auch in den Träumen soll der Ritt auf einem Märchenvogel
Glück und Gesundheit verheißen.

Der Vogel gehört seit den alten Griechen bis zur Alchimie des Mittelalters und der Renaissance zu den wichtigsten Tiergestalten um das Element Feuer. Manchmal wird er in einem Atemzug mit den Salamandern genannt und ist häufig das Sinnbild für die schöpferische Kraft in den Flammen. Wenn sich die Magier bis in die Gegenwart die Urkraft im Feuer vorstellen, schauen sie sein strahlendes Bild...

Im Physiologus wird der Phönix, der nach dieser Quelle in Indien hausen soll, als lieblichster oder schönster der wirklichen oder sagenhaften Vögel gepriesen: «Denn des Pfaues Flügel schimmern von Grün und Gold, die des Phönix aber von Hyazinth und Smaragd und kostbarem Edelgestein. Ein Krönlein trägt er auf dem Haupte. Eine Kugel hat er zu seinen Füßen gleich einem König.» Solche Vorstellungen führen uns wiederum zu jenen der alten magischen Naturwissenschaft. Die Kugel wird zum Symbol unserer Erdkugel, und der golden-glitzernde Kopfschmuck zum Hinweis der Herrschaft. Ohne die Glut des Feuers, sagt das Sinnbild, gibt es kein Leben auf unserer Welt.

Der Phönix wird dadurch zu einem künstlerischen Symbol der Wärme, ohne die kein menschliches Dasein vorstellbar wäre. Er ist das Feuer, das im Herd die Speisen kocht, wie es auch in der Tiefe des Erdinnern die Elemente verwandelt. Es erzeugt die Stoffe und löst sie in einem Kreislauf ohne Ende wieder auf. Die christlich-frommen Verfasser des Physiologus machten aus dem Feuervogel geradezu ein Gleichnis von Christus und dessen Macht, den eigenen Tod durch die Auferstehung zu überwinden. Wie der Adler dem Sturmgotte Jupiter zugehört, so liebt der Phönix den Vulkan, den Herrn der Feuer.

Der bezaubernde Abschnitt des Physiologus, der über den Phönix handelt, beginnt mit den heiligen Worten: «Unser Herr Jesus Christus spricht in dem göttlichen Evangelium: Ich habe Macht, mein Leben zu lassen, und habe Macht, es wieder zu nehmen.» Es ist kaum zu bezweifeln, daß auch der Wundervogel schon lange vor dem Christentum den Menschen ein Beweis für den Kreislauf der Energien der Schöpfung war. Der Tod oder die Zerstörung waren demnach das unausweichliche Ende eines jeden Lebewesens, das einen noch so vollkommenen Körper besitzt. Doch so sicher das Vergehen ist, so gewiß ist die Auferstehung. Die alten Überreste des verbrauchten Leibs werden durch das «Feuer, das in allem wirkt», erneuert und zu einem jungen Dasein umgewandelt.

Von der Antike bis in unsere Gegenwart erhielt sich das Märchen, das für den Physiologus eines der heiligsten Schöpfungswunder ist: «Jeweils alle fünfhundert Jahre macht er (der Phönix) sich auf zu den Zedern des Libanon, und da füllt er sich seine Flügel ganz an mit Wohlgerüchen, und das zeigt er dem Priester der Sonnenstadt an...» 500 Jahre ist eine Zeitspanne, mit der die Alten Weisen den ewigen Kreislauf maßen: Ungefähr 2000 Jahre dauert ein «kosmischer Monat», während dem jedes der 12 Tierkreiszeichen zu Frühlingsbeginn aufgeht. Das sind ungefähr 28 «große Tage», von denen jeder ein Menschenalter dauert. Wie nun der «kleine Monat» vier Mondphasen zu sieben Tagen währt, so kann man auch den großen oder «platonischen» Monat vierteln. Dann bekommt man eben die Zahl von 500 Jahren, was demnach eine kosmische Woche wäre – also 7 Sternentage oder ungefähr 7 Menschenleben.

Sinnbild aller Verwandlungen

Waren solche Berechnungen eine tiefsinnige Spielerei der Priester, oder verbirgt sich in ihnen das vielschichtige Wissen der Urzeiten? Nachgeborene haben darüber vielerlei Vermutungen angestellt. Stehen an der Wurzel der einzigartigen Vorstellung vom Phönix die geheimnisvollen Symbole in den Tempeln, deren wahrer Sinn nur den Eingeweihten offenbart wurde? Der Physiologus und die anderen ihm geistesverwandten Tierbücher erzählen uns aber weiter, als handle es sich um eine altbekannte naturwissenschaftliche Tatsache: «Der Priester, dem dies (die Erneuerung des Phönix) aufgetragen ist, geht hin und schichtet auf dem Altar Holz vom Weinstock hoch auf. Der Vogel aber kommt zur Sonnenstadt, vollbeladen mit Wohlgerüchen, und stellt sich oben auf den Altar.» Genau dieses Bild, der gekrönte und so farbig befiederte Feuerkönig auf dem heiligen Scheiterhaufen, war in den mystischen und magischen Büchern lange beliebt: Der Phönix blickt darauf stolz wie ein Adler der Berge. Er weiß offensichtlich aus seiner ewigen Erfahrung, daß es für ihn kein Sterben geben kann.

Die naturwissenschaftliche Legende fährt auch in diesem Sinne fort: «Das Feuer erfaßt ihn (den Vogel), und er verbrennt sich selbst. Und der Priester, wenn er am folgenden Tage den Altar durchsucht, findet einen Wurm in der Asche. Und am zweiten Tag wachsen ihm Flügel, und man findet ihn als ein Vogel-Junges. Am dritten Tage aber findet man, daß er (der Phönix) wieder so geworden ist wie ehedem. Und er grüßt feierlich den Priester, und fliegt hoch, und ziehet von dannen nach seiner alten Stätte.» Selbstverständlich sahen die mittelalterlichen Mönche hier eine Entsprechung zu Christus, der nach seinem grausamen Tode am dritten Tag wieder auferstand.

In den meisten alten Zeugnissen wird vom Vogel aus der Sonnenstadt nur in der Einzahl gerdet. Er steht in den Dichtungen der Vergangenheit völlig außerhalb aller Gesetze der Fortpflanzung, denen alle anderen Lebewesen unterworfen sind. Er vernichtet sich, wahrscheinlich wenn er das Alter nahen fühlt, selber und setzt sich aus der eigenen Asche wieder zusammen. Er erinnert sich dabei offensichtlich an alles, was ihm vor seiner Verbrennung bekannt war. Auch dies wird in der antiken Dichtung meisterhaft angedeutet. Der Vogel, kaum auferstanden, begrüßt höflich den priesterlichen Helfer seiner Neugeburt. Er kehrt auch sofort auf dem Luftweg, der ihm wohl schon tausendfach bekannt ist, in seine indische Heimat zurück.

Wahrscheinlich haben wir hier auch den Grundgedanken, der hinter den antiken Opferbräuchen stand. Was man auf dem Altar feierlich verbrannte, sollte ja nicht vernichtet werden. Die Flammen zerstörten sozusagen nur das Äußere, das Grobstoffliche des Opfers. Was aber in diesem an «Seele», an Energien steckte, wurde durch das Feuer «befreit». Das Geopferte lebte, für uns unsichtbar, weiter und nahm neue Gestalten an. Selbstverständlich wurden damit Opferbrand wie Feuervogel zu allgemein verständlichen Sinnbildern der Unsterblichkeit. Er vollführt alle 500 Jahre eigentlich nur das gleiche Kunststück, das auch die Welt, das gesamte Leben, der einzelne Mensch dauernd durchspielt. Eigentlich bestehen demnach auf unserer Erde seit Beginn unserer Schöpfung stets die gleichen Dinge und Wesen, sie nehmen nur dauernd neue Gestalten an.

Für die Alchimisten bedeutet der Phönix sehr häufig den Stein der Weisen, die reine Urkraft, die jedes Dasein verlängert und ihm immer neue Jugend schenkt. Wenn diese Wahrheitssucher unermüdlich ihre Mischungen kochten, war es eine schwere Prüfung, immer einen «wachen Geist» bewahren zu dürfen. Man mußte dabei nicht nur das Feuer im magischen Ofen in gleichmäßiger Glut erhalten; auch der Geist der Forscher mußte unermüdlich die Vorgänge der Umwandlung überwachen.

Wenn dann auf einmal ihr Laboratorium, das oft nicht anders aussah als eine romantische Küche, in roter Glut erstrahlte, wußten sie, daß das ersehnte Ziel nahe war. Die festen Wände des Ofens wurden durchsichtig, als seien sie aus Glas oder gar aus feingeschliffenem Diamant. Im Feuermeer, das im Innern des Geräts tobte, schwammen und tauchten die Salamander, gleich den Fischen im Meer.

Aus der ganzen Flammenwelt erhob sich als ihr gekrönter Herrscher der Phönix. Er flatterte und rauschte mit seinen mächtigen Adlerflügeln. Ein Hitzesturm entstand, der alle Stoffe der Umgebung in die gewünschte Richtung zu verwandeln vermochte.

Doch gerade die Erscheinung des Phönix barg eine hohe Gefahr in sich. Die durch die Alchimisten entfachte Glut ließ die einfachen Sicherungen schmelzen. Der Athanor-Ofen flog in die Luft, und eine unvorstellbare Glut durchströmte den Kellerraum. Der Alchimist, der sich nach einem Leben der übermenschlichen Arbeit dem Ziel nahe glaubte, fand häufig ein erschreckendes Ende.

Doch die Sinnbilder der Alchimie waren so sehr ins Volk gedrungen, daß es an das Ende solcher Menschen nur ungern glaubte. Wie der Phönix aus seiner Asche, so sollten die Feuerpriester des Mittelalters aus Flammen und Rauch wieder auferstehen. Zumindest von den großen Alchimisten war man überzeugt, daß sie die gewaltigen Gefahren, die ihr Werk mit sich brachte, nicht fürchteten – sie sogar bewußt erzeugten. Wer den höchsten Preis gewinnen will, durfte nach ihnen keine irdische Gefahr fürchten. Nur haarscharf am Tode vorbei sollte der Weg zur Erneuerung führen...

Gerade im 18. Jahrhundert, als die Geschichten um Salamander und andere Elementarwesen groß in Mode kamen, liebte man Zeugnisse von Menschen, die in griechisch-ägyptischen Handschriften die Naturgeheimnisse enträtselt hatten. Von Hermes, Flamel, St. Germain und Cagliostro wurde gleichermaßen versichert, daß sie durch ihre Künste das Geheimnis der irdischen Unsterblichkeit gefunden hätten. Dies habe ihnen ermöglicht, durch Jahrhunderte «und ohne die Zeichen des Alterns» die Welt zu durchwandern und damit Naturgeheimnisse ohne Zahl zu beobachten. Von mancher erstaunlichen Entdeckung jener Zeit wurde vermutet, sie sei in Wirklichkeit «nur» das Geschenk eines der Unsterblichen an einen befreundeten Forscher.

Gelegentlich wird von solchen Eingeweihten erzählt, daß sie sich unter dem Namen «Graf Phönix» den staunenden Menschen vorstellten. Dadurch wollten sie wohl andeuten, daß sie ihre wunderbaren Kenntnisse ihrer Freundschaft mit den Feuerwesen verdankten.

Der «echte» Paradiesvogel

Ein Wesen der Sage, das in den Jahrhunderten der Renaissance-Abenteuer und damit der erneuerten Märchen auftauchte, war der Paradiesvogel. Er soll aus Indonesien, man redete damals von den Molukken-Inseln, stammen. Da man in diesem Raum tatsächlich sehr schöne Vertreter der gefiederten Welt gesehen hatte, verband man sie mit der Vorstellung der feenhaft schönen Wesen des Luftreichs, von denen die Überlieferungen erzählten.

Der große Tierforscher des 16. Jahrhunderts, Conrad Gesner,

glaubt an die entsprechenden Berichte. «Er hat keine Füße», schreibt er von diesem Vogel. Die Federn sind lang und vom Leib aus «ringweise ausgebreitet». So bildet er ein gefiedertes Rad, das ihm ermöglicht, sein ganzes Dasein in den Lüften schwebend zu verbringen, sozusagen wie eine kleine fliegende Insel oder eine zwischen den Bäumen dahinziehende Wolke von einzigartigen Farben.

Um seinen Kopf herum sind die Federn «von gelber Farbe wie das reinste Gold, oder wie die Strahlen der Sonne glitzernd». Man kann sich vorstellen, welche Schönheit von diesem Wesen ausgehen mochte, wenn es ohne Müdigkeit und ohne die geringste Anstrengung durch seine Heimat dahinzog, mehr einem vom Himmel gefallenen Stern als einem Lebewesen der Erde ähnlich.

Unsere Märchen sind voll von wunderbaren Paradiesvögeln, bei den Slawen heißen sie etwa «Schar-Ptiz», also Feuervogel. Sie kommen «vom Himmel» und erhellen die nächtliche Erde taghell. Auf unsere Welt, die nur ein Schattenland ist, bringen sie «eine Ahnung vom Paradiesglück». Die Könige versprechen dem, der einen davon fangen kann, ihr halbes Reich und die schöne Prinzessin. Das Auftauchen der Paradiesvögel in den naturwissenschaftlichen Büchern zeigt uns, daß man diese Wesen gar nicht als Erfindungen der Phantasie, sondern sehr lange als naturwissenschaftliche Tatsache ansah.

Auch nur eine Feder dieser Wesen, die in Feenreichen oder «in Gottes und der Engel Wohnungen» häufig sein sollen, erfüllt einen ganzen Palast mit ihrem Leuchten. Wer es sieht, fühlt sich glücklich und wird gesund. Die Marchenerzahler pflegten zu versichern: «Schon die Geschichte vom Feuervogel erfüllt uns für Stunden mit einer guten Laune.»

Die ganze Lebensweise des Traumvogels soll entsprechend sein. Erst wenn er alt wird und stirbt, sinkt sein leichter Körper auf den ihm sonst völlig fremden Erdboden. Seiner Fähigkeit, ewig über der Landschaft schweben zu können, ist seine Ernährung angepaßt. Er nimmt nur den von feinen, alles belebenden Stoffen erfüllten «Himmelstau» auf, von dem die Alchimisten und Ärzte der Vergangenheit die schönsten Berichte besaßen. Gerade dieser Himmelstau war für den Märchenvogel Speise und Trank in einem. Dank ihm lebt er auf unserer Welt, ganz ohne die Last der Erdenschwere zu kennen.

Die christlichen Seefahrer teilten den Glauben an das ewig in der Luft schwebende Wunder mit ihren islamischen Zeitgenossen. Diese sollen es «Vögelein Gottes» genannt haben. Auch sie waren überzeugt, es stamme wirklich aus dem Paradies des Schöpfers – aus diesem sei es durch ein Wunder auf unsere sündige und schwerfällige Erde gekommen.

Der Rücken des männlichen Paradiesvogels wies nach Meinung der alten Naturforscher eine Vertiefung auf. In diese legte nun das Weibchen seine Eier. Dann kuscheln sich beide Wesen so eng aneinander, daß ihre Körper gemeinsam die Jungen ausbrüten. Sie bilden also während der Entwicklung ihrer Nachkommen sozusagen ein Wesen, dessen Wärme von beiden Seiten die Eier umhüllt. Wohlverstanden – dieser ganze wundersame Vorgang findet von Anfang bis Ende völlig in den warmen Lüften von Indonesien statt. Das ganze Brüten bleibt vollkommen «himmlisch». Keinen Augenblick müssen die vereinigten Vögel den Boden berühren; Männchen und Weibchen bilden während der ganzen Brutzeit das traumhaft leichte und lustvoll schwebende Nest.

Verständlicherweise wurde der Paradiesvogel zu einem Sinnbild der vollkommenen Liebe. Er bedeutete den Zustand in einer anderen Welt, in der Mann und Weib sich gleichsam zu einem einzigen Wesen zu vereinigen vermögen – und damit keinen noch so geringen Streit und nur unendliche Zärtlichkeiten kennen. Dies war zweifellos ein Grund, warum die farbigen Federn fremder Vögel, die man mit den «echten» Paradiesvögeln gleichsetzte, «Glück in der Liebe» schenken sollten.

Diese «Feder aus dem Paradies» sollten an die echte, große, ewige Verbindung erinnern, die «im Himmel geschlossen wird» und darum auch nichts mit Gesetzen und Gegebenheiten der Erde zu tun hat. Sie waren sozusagen ein Hinweis auf den seligen Zustand des Menschen «vor dem Sündenfall».

Flügel, die den Tag verfinstern

Die Märchentiere gleichen den Gestalten unseres Schlafs, wie sie die Traumbücher kennen – sie fließen häufig ineinander und werden von den Erzählern verwechselt: Greif und Drache, Phönix und Paradiesvogel, Pegasus und Greif – sie alle werden gelegentlich fast gleichlautend bechrieben.

Verwandt sind zweifellos in den Märchen und phantastischen Reiseberichten wiederum der Greif und der noch immer im Orient beliebte Vogel Rock. Der letztere besitzt aber, nach den ausführlichen Schilderungen über dieses «Weltwunder», nichts vom Löwen, und er behütet auch (in der Regel) keine mystischen Geheimnisse. Er ist einfach ein gewaltiger Vogel, der bei seinem Anflug die Sonne verfinstert.

Auch scheint der Greif in seinem Sagenkreis eher der nördlichen Halbkugel unserer Erde anzugehören. Er hütet etwa wunderbare Goldländer nach Indien hin, oder er haust gar in kalten Ländern, in denen die Nacht vorherrscht. Der Vogel Rock dagegen lebt eher in den südlichen Meeren, etwa auf den heißen Inseln im chinesischen Meer. Gelegentlich vermutete man als Ort seines Aufenthalts die Insel Madagaskar, die die todesmutigen orientalischen Seefahrer schon früh anfuhren.

Möglicherweise verkörperte er für die Matrosen den Schrecken ferner, in ihren Gefahren wenig erforschter Meere. Die wunderbare Märchensammlung Tausend und eine Nacht läßt den Reisenden Sindbad, diesen orientalischen Bruder des kühnen Griechen Odysseus, über seine eigenen Abenteuer mit dem gewaltigen Vogel berichten. Er erzählt darüber, weil er den Neid beruhigen will, den seine auf den Meerfahrten gewonnenen Reichtümer in Landratten erwecken. Wer sie erwerben will, darf sich vor den fremdartigsten Ländern und deren unbekannten Gefahren nicht fürchten. Er muß Leiden und Gefahren bestehen, für die das gewonnene Gold nur eine geringe Belohnung darstellt.

Der Vogel Rock legt in seinem gewaltigen Nest nur ein riesenhaftes Ei, das beide Eltern liebevoll behüten. Um es zu umschreiten, braucht der kühne Sindbad nicht weniger als «fünfzig starke Schritte». Als der mächtige Gegenstand von den neugierigen Menschen zerstört wird, ergreifen Männchen und Weibchen voller Rachsucht mit ihren Krallen gewaltige Feslblöcke. Sie verfolgen damit das Schiff, auf dem die Menschen vergeblich zu entfliehen versuchen. Wie ein Flugzeug seine zerstörenden Bomben werfen die titanischen Vögel nun ihre Lasten über dem für sie winzigen Fahrzeug ab. Sie wühlen zuerst die Wellen auf, so daß es für den Kapitän eine Leistung ist, das Gleichgewicht noch zu bewahren. Dann zerschmettert aber ein Stein das Heck des Schiffes. Die Mannschaft geht unter bis auf den kühnen Sindbad: Auf seinen Reisen erweist er sich eben als «mit allen Wassern gewaschen».

Der Vogel Rock wird als so gewaltig geschildert, daß er seine Jungen mit ganzen Elefanten füttert, die er, wie unsere «winzigen» Raubvögel die Mäuse, im Sturzflug einfängt. Dieser Zug der morgenländischen Überlieferung muß, zumindest nach dem Naturforscher Edgar Daqué, nicht unbedingt allein auf ihre Herkunft aus dem Raum Afrika und Südasien verweisen. Auch er glaubte hier eine Erinnerung aus einem Zeitalter vorzufinden, die wir dank unseren fernsten Ahnen geerbt haben. Als unsere eigenen Vorfahren noch recht kleine Geschöpfe waren, gab es erwiesenermaßen auch winzige Elefanten. Sie konnten verhältnismäßig leicht die Beute mächtiger Fluggeschöpfe werden, wie es sie in dem ausgehenden Zeitalter der Saurier in Hülle und Fülle gab.

Der «Vogel, der Elefanten einfängt», war damit ein Schreckensbild, ein Angsttraum aus der fernsten Urzeit, als alle die «primitiven» Säugetiere noch winzig waren. Um die Menschen kümmert sich der Rock in der Regel nicht, sie sind für ihn viel zu unbedeutend. Höchstens eben, wenn sie seine gewaltigen und darum auch entsprechend nahrhaften Eier zerstören.

Ist auch dies eine Erinnerung, die die verflossenen Jahrmillionen der Erdgeschichte übersprang? Ein Alpdruck aus den Zeitaltern, als die kleinen Säugetiere, unter ihnen unsere fernen Ahnen, die gewaltigen Fluggeschöpfe fürchteten, gleichzeitig aber ihre riesigen Eier zu rauben versuchten?

Adler und Löwe in einem: Der Greif

Der Greif vereinigt in sich alle Tugenden der Landtiere und der Wesen der Lüfte.

Die europäischen Alchimisten wußten es von ihren griechisch-ägyptischen Vorgängern, die sich «Hermetische Philosophen» nannten: «Der Greif ist ein Tier, das den Kopf und die Brust eines Adlers besaß und den Körper eines Löwen.»

Er verbindet die Gestalt des vielbewunderten Königs der Vögel mit der des «Herrschers aller Landtiere». Der Greif ist ein Bild der Schöpfung, in dem die scheinbar entgegengesetzten Kräfte der Elemente eine harmonische Verbindung eingegangen sind. Wie schon Goethe in seiner klassischen «Walpurgisnacht» zeigte, hört unser Sprachgefühl in seinem Namen zwei geheimnisvolle Begriffe heraus: Den des Greisen, Grauen, also Uralten; dazu den des Greifens, also des machtvollen Festhaltens.

Die Naturforscher der Renaissance sahen im Greifen ein Phantasiebild, das die späteren Völker unmittelbar von den Griechen übernommen hatten. Da sie aber über das Traumgeschöpf viele Nachrichten aus verschiedenen Jahrhunderten besaßen, vermuteten sie, daß es doch irgendwo in Wirklichkeit leben könnte.

Zweifellos haben jedenfalls die Griechen die Greife nicht erfunden. Wir finden sie auch auf altbabylonischen Darstellungen. Der Cherub, der in der Bibel eine bedeutende Rolle spielt, scheint ganz ebenso ausgesehen zu haben. Ein Adler-Löwe ist meistens auch der indische Garuda, das Reittier der höchsten indischen Gottheit Vishnu-Krishna.

Im Abendland war die Gestalt des Greifen außerordentlich verbreitet. Er taucht in den Märchen auf, bei den Brüdern Grimm nicht weniger wie in Alice im Wunderland, der beliebtesten englischen Kindergeschichte. Er trug im Mittelalter die Helden durch die Lüfte und schmückt deshalb verschiedene Wappen der vornehmen Geschlechter. Der «Tanz des Vogel Gryff» gehört noch immer zu den wichtigsten Frühlingsbräuchen der Rheinstadt Basel.

Ähnlich dem Garuda ist der Riesenvogel Simurg, in den orientalischen Sagen der Berater von Salomo, des Königs der Könige, des Vorbilds für alle irdischen Herrscher. Engel, Feenwesen, Heilige, Tiere ohne Zahl dienen ihm voller Liebe. Wie die durch Joseph von Hammer-Purgstall (1774–1856) aufgeschriebene Tradition lautet: «Über allen (Geschöpfen) spreitet der alte Simurg sein ungeheures Flügelpaar aus, als ob nur unter den Flügeln seiner Weisheit der Thron Salomons gesichert wäre.»

Die Simurgflügel bilden sozusagen die Decke des unvorstellbar riesigen Thronsaals des großen Herrschers. Wenn man den alten türkischen Büchern glaubt, sind auch spätere Paläste der großen Fürsten voll von entsprechenden Andeutungen: «Eine Nachahmung der Flügeldecken sind die großen Pfauenwedel in Schwingengestalt, mit welchen noch heute die Sklaven das geheiligte Haupt ihrer Gebieter überschatten, und in dieser Stellung (bereits) auf den Monumenten der Vorzeit abgebildet erscheinen. Das sind die Schwingen über den Eingängen ägyptischer Tempel und auf den Wänden von Persepolis... Daraus nahm die Dichtersprache die (Anregung für ihre Ausdrücke) ‹Schwingen des Ruhms› und ‹Fittich unsterblicher Glorie›.»

Diese Freundschaft mit dem gewaltigen Märchenvogel, der

schon in den Welten vor Adam und Eva lebte, konnte freilich König Salomo nicht übermütig machen: Er wußte nach der gleichen Quelle genau, daß nur hier auf unserer Menschenerde der Simurg, ähnlich dem Phönix und dem Paradiesvogel, etwas Einzigartiges darstellt. Es gibt eben in der Schöpfung, von der wir nur einen lächerlichen Bruchteil kennen, auch völlig eigene Welten, in denen die Simurge, Phönixe oder Paradiesvögel die vorherrschenden Wesen sind...

Für die alte Hermetische Philosophie der Alchimisten, die bis in die Gegenwart ihre begeisterten Anhänger bewahrt, ist der Greif eine Verbindung der Gegensätze. Das Tier ist gleichzeitig ein Beherrscher der schweren Erdmaterie wie der leichten Luft. Es ist ebenso unbesiegbar auf dem Boden wie unübertrefflich in seinem königlichen Flug.

Löwe und Adler müßten sich so lange bekämpfen, sagten die Alchimisten, bis sie sich zu einer Einheit verschmelzen. Häufig verstand man darunter ein Bild der menschlichen Entwicklung. Der vollkommene Mensch hat demnach seine Kräfte der Seele und des Leibs in Harmonie gebracht. Erst dann kann er alle seine schöpferischen Fähigkeiten voll nutzen. Daraus entstand das Sinnbild des Weisen oder Helden, der den Greifen, Garuda oder Simurg «frei» reiten kann.

Dies erklärt, daß der Greif, wiederum nach der Hermetischen Philosophie, der Hüter aller Goldschätze ist und «der Sonne heilig». Er ist den Alchimisten das Symbol der wahren Erkenntnis, die man als Schatz aller Schätze bezeichnete.

VIII. Göttliche Rosse

Reittiere der Helden und Dichter

Das geflügelte Pferd, das im gesamten Denken der Griechen einen besonderen Platz einnahm, besitzt eigentlich den Ehrenrang der himmlischen Götter und erfüllt göttliche Aufgaben. Für Hesiod stammt sein Name von einem Wort für Brunnen, weil es bei den Quellen des Weltmeeres, des Okeanos, geboren wurde. In der Theogonie dieses Dichters heißt es: «Er (der Pegasus) wohnt im Hause des Zeus und bringt Zeus ... Donner und Blitz.»

Das wunderbare Flügelroß ist ein edler Verbündeter der Götter und Helden, die in jedem Zeitalter die Welt in Schönheit und Ordnung zu bringen versuchen. Wenn man der griechischen Überlieferung traut, gehörte es bereits vor über zehn Jahrtausenden zu den heiligen Sinnbildern der Urkulturen. Plato berichtet uns in seinem Werk Kritias ausführlich über den Erdteil Atlantis, der im westlichen Ozean versank. Der wichtigste Gott dieses Volkes, das in seinem Übermut die ganze Erde beherrschen wollte, sei der Meergott Poseidon gewesen. In seinem atlantischen Tempel befand sich nach der gleichen Quelle sein goldenes Standbild. Er stand auf einem Wagen, der von geflügelten Pferden gezogen wurde. Begegnen wir hier dem Rest einer Sage, wie wir sie ähnlich auch bei Hesiod finden? Demnach kam ja das Götterpferd vom Weltmeer her.

Man vermutet, daß der Pegasus ein heiliges Sinnbild der Völker war, die einst dank ihren Reittieren die Erde erforschten und damit vielseitige Kulturen zu begründen vermochten. Durch seinen Hufschlag entstand auf dem Berg Helikon der Brunnen Hippokrene. Die schönen Musen hausten in seiner Umgebung, und man nannte sie geradezu Pegasides, also das Volk des heiligen Pferdes. Sie waren es, genau wie die Kraft ihrer Bergquelle, die in den Menschen die Begeisterung für die schönen Künste weckten.

Auf dem Pegasus reiten die Helden gleich Bellerophon und Perseus, die die Erde von Ungetümen aus Urzeiten befreien. Lukian hat, als die Göttergeschichten des klassischen Altertums langsam verblaßten, noch seine Überzeugung ausgedrückt: «Ich nehme an, daß er (Bellerophon)... seine Gedanken auf den Himmel richtete und Zwiegespräche mit den Sternen führte, und daß er nicht mit Hilfe seines (materiellen) Pferdes zum Himmel aufstieg, sondern mit Hilfe seines Geistes.» Der Pegasus wurde also zum Bild der Freiheit und Weisheit, die dem Menschen zeigen, daß er in sich die Gabe besitzt, zu den Sternen zu fliegen.

Einiges scheint die Ansicht von Plato zu bestätigen, nach der die Idee des fliegenden Pferdes bereits jenen Urkulturen angehörte, deren Rätsel noch immer der eifrigsten Forschung spotten. Zweifellos war es ebenfalls in den asiatischen Reichen bekannt, die das Geheimnis der Urkräfte gern in phantastischen Bildern der Wundertiere zu erfassen versuchten. Die türkische Überlieferung, die auf jüdische, arabische und iranische Quellen zurückgreift, weiß vom weisen Salomo: Er habe gern «das Flügelpferd des Ostwindes» bestiegen, um sein grenzenloses Weltreich zu erkunden.

Namentlich über die griechische Ostkirche gelangte das Bild des Pegasus in die Ikonenmalerei. Der Erzengel Michael besiegt auf ihm reitend das Böse. Flügelrosse ziehen den Himmelswagen des besonders beliebten Propheten Elias. In der Ritterdichtung der Renaissance, so bei den Dichtern Ariosto und Bojardo, reiten die Ritter auf ihren Wunderpferden in die fernsten Länder.

Beim mittelalterlichen Denker Alanus de Insulis ist der Pegasus das Sinnbild unseres Gesichtssinns. Auf dem entsprechenden Bild besitzt er zwei zusätzliche Augen. Das führt den Betrachter auf einen tiefsinnigen Gedanken: Das Bild der Wundertiere enthält Weisheiten, wie wir sie eigentlich nur dank der Schau unserer Seele zu erahnen vermögen.

Das «reine» Einhorn

Das Einhorn, ebenfalls schon in antiken Schriften ausführlich erwähnt, galt im Mittelalter geradezu als Gleichnis der höchsten göttlichen Geheimnisse. Meistens versetzte man es deshalb in Länder, in deren Nähe man das Paradies von Adam und Eva vermutete, ein Gebiet in oder «hinter den indischen Gebirgen».

Der im Mittelalter so geschätzte Physiologus versichert: «Und wird erhöhet werden, sagt der (biblische) Psalmist (Ps. 92,11), mein Horn, wie das des Einhorns... Dies nun wird übertragen auf das Bildnis unseres Heilands. Denn es (das Bildnis) wurde auferweckt aus dem Hause des (biblischen Königs) David das Horn unseres Vaters (des Schöpfergottes), und wurde uns (in Christus) zum Horn des Heils. Nicht vermochten die Engelsgewalten ihn (Gottes Sohn) zu bewältigen, sondern er ging ein in den Leib der wahrhaftig und immerdar jungfräulichen Maria, denn das Wort ward Fleisch und wohnet unter uns.»

Hier wird das Pferd, das man schon wegen seiner Kraft, seinem Mut und seiner Geschwindigkeit für ein göttliches Kunstwerk ansah, dank des Horns zum Sinnbild der himmlischen Urkraft. Seine strahlende Wunderwaffe auf der Stirn wird zum verständlichen Symbol der himmlischen Energien. Sie machen das Tier unbesiegbar und damit geradezu zum Gleichnis des Schöpfers selber.

Der Physiologus, der unter seinen Lesern viele griechische Tiermärchen von Island bis nach Äthiopien verbreitete, versichert vom Einhorn, daß es eigentlich keinen Feind hat und nur die Reinheit liebt: «Wie aber wird es gefangen? Man legt ihm eine reine Jungfrau, schön gekleidet und geschmückt, in den Weg. Und da springt das Tier in den Schoß der Jungfrau, und sie hat Macht über es, und es folget ihr, und sie geleitet es ins Schloß des Königs.»

Diese Geschichte fand selbstverständlich ihren Eingang in die christliche Kunst. Die Vorstellung, daß das Einhorn in den Schoß der reinen Jungfrau springt, nahm man für ein Bild des höchsten christlichen Wunders: Christus, Sohn Gottes und himmlisches Sinnbild alles Guten, verkörpert sich durch den Leib der in jeder Beziehung reinen Maria, um den Menschen auf Erden in ihrem Unglück zu helfen. (Auf den Kunstwerken hat man dies meist einfach dargestellt, als handle es sich um eine zoologische Tatsache. Ein schönes Mädchen sitzt am Waldrand. Aus dem Dickicht erscheint ein mächtiges Einhorn. Es legt seine sprichtwörtliche Wildheit ab, beugt den stolzen Kopf – und senkt ganz zahm sein gefährlich spitzes Horn auf des Mädchens Schoß.)

Wohlverstanden, die alten Dichter und Kunstmaler empfanden keinen Widerspruch, hier gleichzeitig ein entscheidend wichtiges Sinnbild ihres Glaubens und eine sozusagen naturwissenschaftliche Tatsache zu sehen. Sie ahnten nun einmal die ganze «sichtbare» Welt wie auch unseren unsterblichen Geist und dessen bunte Phantasie aus den gleichen göttlichen Kräften gewirkt. Der Schöpfer aller Himmel hat demnach das Getier wie ein großer Künstler erschaffen, nicht zuletzt, damit wir in den verschiedenen lebendigen Wesen deutliche Hinweise auf seine Weltgeheimnisse erkennen.

So wurde die Überzeugung, daß es irgendwo auf der weiten Welt Einhörner gibt, fast zu einem Glaubenssatz: Die Gelehrten stritten sogar darüber, wie es möglich sei, daß das wilde Wunderwesen die seelische und leibliche Reinheit einer Jungfrau so rasch zu erkennen vermöge. Sie neigten meistens zur Meinung, daß dies durch den gesteigerten Geruchssinn geschehe, wie man ihn auch als Begabung der «gewöhnlichen» Pferde beobachtete. Nach Eintreten ins Geschlechtsleben soll sich der Duft einer Frau für gewisse Tiere spürbar verändern.

In den alten Büchern der Naturkunde finden sich zahlreiche Glaubenssätze, die den Lesern das wirkliche Vorkommen des seltenen Tieres beweisen sollen. So schrieb ein Ludwig Roman, daß man in einem eingezäunten Platz zwei Einhörner «dem Volk zum Wunder gezeigt» habe. Dies sei «zu Mekka in Arabien» geschehen, «da der (Prophet des Islam) Mohammed sein Begräbnis und Wallfahrt hat».

Bei Conrad Gesner finden wir in seinem sehr ausführlichen Kapitel über die Einhörner: «Man sagt auch, das Einhorn trinkt aus keinem Fluß, es habe denn zuvor sein Horn hinein gesteckt, und das Wasser vom Gift und giftigen Tieren dadurch gereinigt.»

Das gleiche finden wir schon im frommen Physiologus, der auch hier ein naturwissenschaftliches Gleichnis der himmlischen Geheimnisse erblickt: «In jenen Gegenden (die von Einhörnern bewohnt werden) ist ein großer See, und da sammeln sich die wilden Tiere, um zu trinken. Ehe jedoch die Tiere versammelt sind, kriecht die Schlange (hier offenbar die Verkörperung aller zerstörerischen Kräfte der Natur! S. G.) heran und speit ihr Gift in das Wasser. Die Tiere spüren nun das Gift und wagen nicht zu trinken, und da warten sie auf das Einhorn, und das kommt. Stracks geht es in das Wasser und schlägt mit dem Horn ein Kreuz. Damit macht es die Kraft des Gifts zunichte. Und da es nun (von dem wieder heilsam gewordenen) Wasser trinkt, trinken auch all jene anderen Tiere.»

Das Einhorn war also nach den alten naturwissenschaftlichen und religiösen Schriftstellern in jeder Beziehung so rein, daß sein ganzer Leib eine Energie ausstrahlte, die alle für das Leben giftigen Einflüsse brach. Diese Angaben der Bücher verbreiteten sich gerade unter den Alchimisten und anderen Anhängern der magischen Naturwissenschaften, die häufig mit sehr gefährlichen Stoffen arbeiten mußten. Stücke von Einhorn-Horn, selbstverständlich zweifelhafte Waren aus dem Handel mit abenteuerlichen Seeleuten, zierten nun die Keller der Erforscher unbekannter Naturenergien. Vielerlei Reisen und Forschungen mögen vor allem darum unternommen worden sein, um etwas zu finden, das aussah wie die märchenhaften und vor allem einträglichen Hörner.

Schweben zwischen Himmelreich und Hölle

Von der Antike bis in die Gegenwart sind Einhorn und Flügelroß Sinnbilder der menschlichen Phantasie.

Es gibt eine wunderbare, im Mittelalter sehr beliebte Geschichte. Sie wurde uns ausführlich von Jakob de Voragine, Erzbischof von Genua, in dem Werk Legenda aurea erzählt und fand sogar in der kirchlichen Kunst sowie in unzähligen frommen und gelehrten Schriften ihren Platz. Wohl aus diesen Gründen wurde sie dem Volk immer wieder vorgelesen und gehörte dann, je nach Geschmack weitererzählt, zum Schatz der zeitlosen Schwänke. Ich vernahm diese Geschichte in Paris von einem Fahrenden, der aus der Ukraine stammte.

Ein Einhorn, unerbittlich gegen jeden Menschen und voller unreiner Gedanken, wollte einen Mann durchbohren. Dieser wich dem Gegner erst einmal aus. Doch er kannte die unüberwindliche Schnelligkeit des königlichen Tiers, das bis zu seinem Sieg nie von einem Feind abläßt. Vor dem Verfolgten befand sich ein tiefer Brunnen, und es blieb ihm nichts anderes übrig, als sich hineinzustürzen, wollte er nicht aufgespießt werden.

Der Mann war dadurch alles andere als gerettet. Seine Füße fanden nur einen unsicheren Halt auf einem nassen und schlüpfrigen Vorsprung. Aber er hatte Glück: Er vermochte sich immerhin ganz knapp an einem Strauch festzuklammern, der aus den Spalten der Brunnenmauer hervorwuchs. Dieser Halt hätte ihm wohl erlaubt, sich mühsam wieder ans Tageslicht emporzuarbeiten. Doch er kannte die Hartnäckigkeit des Einhorns, wenn es einmal auf einen Menschen Jagd machte – zumindest auf einen, der kaum an Leib und Seele vollkommen rein war. Schnaubend stand das Märchentier am Brunnenrand, als wolle es noch eine Ewigkeit auf das unglückliche Opfer warten.

Der bitter gehetzte Mann blickte nun nach unten. Als sich seine Augen langsam an die Dunkelheit der Tiefe gewöhnt hatten, sah er nahe bei seinen rutschenden Füßen ein sich herumwälzendes Schuppen-Gewühl. Schon bald erkannte der Unglückliche, daß sich auf dem Grunde des Brunnens ein grauenhafter Drache ringelte. Seine stählernen Krallen ließen aus der bröckelnden Mauer Funken aufstieben. Im übrigen brachte das Ungetüm mit seinen Schlangenwindungen die morschen Steine des uralten Bauwerks beinahe zum Einstürzen. Es öffnete bereits sein breites Maul, aus dem Funken aufglühten und starrte mit seinen roten Augen unverwandt auf die zitternde Beute. Die Schlange der Tiefe grunzte voller Gier, als habe sie schon lange kein Menschenfleisch mehr zwischen den Zähnen gespürt.

Voller Entsetzen begann der Mann seine Umgebung abzusuchen, da er hoffte, doch irgendeine Hilfe für seine Rettung zu finden. Doch je länger er schaute, desto aussichtsloser erschien ihm seine Lage. Im Gemäuer, auf dem seine Füße ohne jeden sicheren Halt herumrutschten, waren vier Löcher, aus denen die Häupter von vier Giftschlangen hervorzischten. Der Fall des Unglücklichen hatte sie offenbar geweckt und beunruhigt. Wahrscheinlich glaubten sie, in unserem Mann ihren Feind zu erkennen. Schon bald würden sie wohl ihre gefährlichen Zähne in seinen zitternden Leib schlagen.

Nicht weniger gut stand es um den Strauch, der ihn wahrscheinlich höchstens für Augenblicke zu halten vermochte. Zwei

Mäuse, eine schwarze und eine weiße, nagten unerbittlich an dessen Wurzeln. Es war also nur noch eine Frage der Zeit, daß der arme Mann sich nicht mehr am Erdreich festhalten konnte; dann würde er jeden Halt verlieren und in den flammenspeienden Rachen des geschuppten Ungeheuers stürzen.

Doch während der hilflose Mensch von solchen erschreckenden Gedanken bestürmt wurde, sah er am Strauch ein liebenswürdiges Leuchten. Es war eine schöne Blüte, die seine Aufmerksamkeit erregte. Süß und verlockend schienen auch einie Tropfen Honig, die aus der einsamen Blume heraus dem Unglückllichen entgegenschimmerten. Das Opfer, das zwischen verschiedenen Toden schwebte, reckte seine Hand nach dem leckeren Wunder. Der Honig, den der Mann nun mühsam kosten konnte, schmeckte ihm paradiesisch auf der Zunge. Er verspürte einen so unvorstellbar starken Genuß, daß er für die nächsten Augenblicke seine verzweifelte Lage vollkommen vergaß.

Märchentiere – Wegweiser für die Seele

Gelegentlich hat man dieses Sinnbild ganz und gar christlich umgedeutet. Ein Mensch steht etwa auf einem Baum, der unser Leben bedeutet. Engel und Teufel, das Böse und das Gute, streiten um seine Seele. Doch die Geschichte vom Schweben zwischen Einhorn und Drachen erscheint uns irgendwie ursprünglicher: Beide Kräfte erzeugen nun einmal im Menschen Angst. Wenn er also kein Mönch oder Einsiedler ist, fürchtet er sich wohl nicht weniger vor einem Leben in himmlischer Reinheit wie vor dem Versinken in den Abgründen der feurigen Sinnlichkeit.

Die kleinen Geschöpfe, die die Lage des Mannes vollends unerträglich machen, hat man bereits im Mittelalter als Sinnbilder unserer Vergänglichkeit gedeutet. Die weiße und die schwarze Maus stehen für den Tag und die Nacht. Es ist die unerbittliche Zeit, die uns davonläuft, und die dauernd am schwankenden Strauch, dem menschlichen Leben, nagt.

Die vier Schlangen, die aus der Mauer hervorzüngeln, sind die vier Elemente Wasser, Feuer, Luft und Erde, aus denen die materielle Welt besteht. Sie sind alle gefährlich und bereit, uns zu zerstören, wenn wir nicht lernen, mit ihnen richtig umzuspringen. Aber auch wenn wir diese schwierige Kunst beherrschen, ist es höchstens eine Frage der Zeit, daß sie unseren materiellen Körper auflösen.

Jakob von Voragine deutet uns das Gleichnis, das einmal so bekannt war: «Der Honig ist die Lust der Welt. Ihr gibt der Mensch sich hin, alle Gefahr vergessend.» Die kirchlichen Lehrer wollten mit dieser Geschichte ihren Zuhörern den Ernst des Lebens erklären. Die Genüsse, die uns die Erde bietet, waren ihrer Meinung nach höchstens Verführungen zur Oberflächlichkeit. Der «Sünder» vergaß dank des wenigen süßen Honigs des Daseins das einzige, worauf es ihm ankommen sollte: Sein Seelenheil, das ihm allein das Tor zum Paradies öffnen konnte.

Der Mensch lebt nun einmal noch viel unsicherer, als er es sich im schlimmsten Fall eingesteht. Die vier apokalyptischen Reiter bedrohen ihn tagtäglich von allen Seiten. Sogar die nächsten Menschen können ihn und seine Lage kaum verstehen. Krankheit, Krieg oder Unglück vermögen zu jeder Stunde unerwartet sein Glück beenden. Der Tod droht unerbittlich.

Selbstverständlich beschäftigte die weitverbreitete Geschichte nicht nur die frommen Prediger. Sie freute auch die Menschen, die mehr oder weniger im Sinne des griechischen Philosophen Epikur den Genuß als Hauptsinn des Lebens betrachteten. Man muß sich immer mit dem spärlichen Honig des Lebens beschäftigen und ihn voll auskosten, versicherten sie uns. Auch wenn wir alle sicher sterben, also vom Einhorn oder Drachen vernichtet werden, ist jede errungene Freude, jede gestillte Lust ein Gewinn, den uns niemand wegnehmen kann.

Auch viele mittelalterliche Dichter und Denker sahen in dieser Freude oder Lebenslust – «la joie» heißt sie bei den romanischen Minnesängern – den eigentlichen Zweck der Erdenwelt. Gelegentlich wurde sogar versichert, daß dies nicht nur unser einziger Trost, sondern auch der bleibende Nutzen sei. Jeder Honig, also jede Freude erleuchtet demnach unser ganzes sterbliches Wesen gleich einer winzigen Sonne: Wer sich diesem Gefühl oft hinzugeben vermag, lebt länger und gesünder.

Auf dem Zauberteppich

Ein Zigeuner-Erzähler deutete mir die Geschichte von Einhorn und Drache folgendermaßen: «Der Mensch, der Märchen wirklich mitzuteilen versteht, braucht für seinen Lebensunterhalt nicht zu sorgen. Noch immer ist er den Menschen in den Ländern unentbehrlich, die keine Unterhaltung durch Radio und Kino kennen. Seine Zuhörer, die auf ihn geradezu süchtig sind, würden wohl auf manche Bequemlichkeit ihres bescheidenen Daseins verzichten, nur nicht auf ihn.» Er fügt hinzu, daß nicht nur während der Hexenverfolgungen und der Eroberungskriege der Vergangenheit, sondern bis heute solche Erzähler und Erzählerinnen schwere Verfolgungen überstehen müssen. Josef Stalin und andere Diktatoren versuchten, solche ursprünglichen Freunde des freien Denkens nach Möglichkeit auszurotten. Zumindest wenn sie nicht bereit waren, gegen hohen Lohn in ihren Märchen die totalitäre Macht zu verherrlichen.

Doch dies zu tun fanden die Spielleute, die das Märchenerzählen beherrschten, völlig unmöglich. Das Preisen von Gewaltherrschern würde dem Versuch entsprechen, das unerbittliche Dasein im Brunnen in ein irdisches Paradies umzulügen! Das Zusammenleben mit der Umwelt und den Mitmenschen ist nun einmal lebensgefährlich. Diese Tatsache soll man nicht verleugnen und auf eine läppische Art und Weise verniedlichen. Gerade in den Zeitaltern der grauenhaften Umwälzungen, der Hungersnöte und Seuchenzüge erwarten die Völker von ihren Dichtern die Kunst völliger Entspannung. Sie genießen in die uralten und schönen Bilder, die der kundige Erzähler vor ihnen ausbreitet.

Der Zigeuner, von dem ich das hörte, versicherte: «Der Orient war in unseren Ländern, vom Balkan bis in die Ukraine, jeden Augenblick zum Greifen nahe. Also setzte sich der Märchenerzähler auf einen Teppich, den man mit viel Höflichkeit vor ihm ausbreitete. Das war wohl der richtige fliegende Teppich, von dem die östlichen Geschichten so viel zu berichten wissen.» Es sei dies an sich sehr verständlich. Die Menschen besaßen in den ursprünglichen Kulturen eine ausgesprochen mächtige Phantasie. Nach den Märchensitzungen hatten sie oft das starke Gefühl, sie seien mit dem Erzähler oder der bewährten Märchenfrau tatsächlich durch Wunderreiche geflogen.

Manche Zeichen, die man auf den alten Teppichen sieht, scheinen übrigens zu verraten, daß man sie seit jeher für solche Künste verwendet hat. Man wußte allgemein, daß viele der gewobenen Bilder an Märchenfiguren erinnerten. Mein Erzähler versicherte mir, daß er in seiner Kindheit auf einem angeblich kaukasischen Teppich die Darstellung des Einhorns und des Drachen bei einem Lebensbaum gesehen hatte.

Wir gehen auf die Geschichte über den Menschen, der auf Erden stets zwischen «Himmel und Hölle», Einhorn und Schlange steckt, aus folgendem Grunde ein: Sie zeigt uns, daß die Märchenwesen völlig zeitlose Urbilder sind, die seit Jahrtausenden unsere Träume und Phantasien bevölkern.

Am tiefsinnigsten deuteten ähnliche Symbole wohl die hochgebildeten Rosenkreuzer, die im 17. bis 18. Jahrhundert das Zeitalter schrecklicher Religionskriege zu überdauern versuchten. Das gewöhnliche Dasein sahen sie – verständlicherweise, wenn man ihr Zeitalter kennt – als Hängen am Kreuz. Doch sie suchten diesen irdischen Zustand durch das Auffinden der seltenen, aber darum umso beglückenderen «Rosen der Freude» aufleuchten zu lassen.

Der Lebensweg «zwischen Drache und Einhorn» wurde so zum Sinnbild des großen Kunststücks, sein Dasein so weise zu durchwandern, daß es einem trotz allem eigentlich Spaß macht.

Anmerkungen

I. Meinungen durch zwei Jahrtausende

Hervey de St. Denys, Les rêves etles moyens de les diriger, Paris 1867; E. Dacqué, Urwelt, Sage u. Menschheit, Jena 1924. *Zur Djinnenwelt des «Königs der Könige» Salomo u.a.:* Rosenöl, Sagen... des Morgenlandes, Hrsg. J. v. Hammer-Purgstall (1774–1856), Bd. 1, Stuttgart 1813. *Zu den «alten Wanderungen» :* Das Annolied, Hrsg. E. Nellmann, Stuttgart 1975, S. 31, 96, 126 (*Zyklopen u. andere Wunderwesen leben wirklich «jenseits von Indien»*), S. 21 (*Alexander von Mazedonien schaut Greifen u. Fischmenschen!*). Vgl. J. Aventin (1477–1534), Beyerische Chronica, Frankfurt 1580. *Schock bei unerwarteten Begegnungen:* S. N. Popowa, *wichtiger Diskussionsbeitrag in russischer Ausgabe von:* J. Mitchell/R. J. M. Rickard, Fenomeny ... (Phenomena, A Book of Wonders), Moskau 1988. *Begegnungen mit Geschöpfen aus andern Elementen und Dimensionen:* Montfacon dc Villars, *nach* Voyages immaginaires, songes, songes, visions et romans cabalistiques, Bd. 34, Amsterdam 1788; Cyrano de Bergerac, Die Reise zu den Mondstaaten u. Sonnenreichen, Hrsg. H. E. Rübesamen, München 1962, C. M. Wieland, Sämtliche Werke, Bd 11: Don Sylvio, Leipzig 1795. *Moderne (?) Sage um Sternenherkunft der Zigeuner:* Serge (M. Feaudierre), La grande histoire des Bohémiens, Paris 1963, S. 50. *Jüdische Tradition um Wundergeschöpfe:* M. J. bin Gorion, Die Sagen d. Juden: Die Erzväter, Frankfurt 1914, S. 65 f.

II. Das Land der Drachen

Tatzelwurm: J. R. Wyss, Reise in das Berner Oberland, Bd 2, Bern 1817, S. 422 f; G. v. Schultes, *in* Neues Taschenbuch f. Natur-, Forst- u. Jagdfreunde auf das Jahr 1836, Weimar 1835, 28 ff; K. W. v. Dalla, *in* Zeitschr. des deutschen u. österreich. Alpenvereins, Bd 18, München 1887, 208 ff; Kosmos, Handweiser f. Naturfreunde, Stuttgart, Bd 27, 1930, 424 ff; Bd 28, 1931, 118 ff; Bd 29, 1932, S. 66 f, 100 f; S. Golowin, Sagen aus dem Bernbiet, Bd 1, Basel 1965, S. 35 ff. *Drache des Winkelried:* Kircher, S. 90 ff; H. Brunnhofer, Die schweizerische Heldensage, Bern 1910. *Drache von Burgdorf:* S. Golowin, Berner Märit-Poeten, Bern 1968. *Russische Drachensagen:* Biblioteka russkoj fantastiki (Bibliothek der russischen Phantasiewelt), Bd 1, Moskau 1990, S. 176 f (nach «Geschichte von Kazan», Aufzeichnung bis 1552); Bd 3, Teil 2, 1992, u.a. S. 155, 301, 432 usw. (*Kiewer Drache auch* Bd 3, Teil 1, S. 62). *Draconit:* L. Barmettler, Der Luzerner Drachenstein, Seminararbeit Religionsethnologie (Vervielfältigt), Zürich 1986.

III. Die Seeschlange

Überlieferungen zum «Meerschlund» im atlantischen Ozean: H. Bidermann, Wunderwesen-Wunderwelten, Graz 1980, S. 65 ff. Vgl. C. Berlitz, Das Bermuda-Dreieck, München 1978; R. Winer, Vom Teufelsdreieck... München 1978. *Seher zu Meerungetümen:* C. W. Leadbeater, Naturgeister, *in* Isis, Monatsschrift f. Theosophie... Hrsg. C. Zawadski. Jg. 2, No 4, Leipzig 1909, S. 154. *Zu den Riesenkraken:* «Durch das ganze Mittelalter hindurch finden wir in Poesie und Prosa, in der Unterhaltungsliteratur, wie in Werken des wissenschaftlichen Ernstes... den Polypen benutzt, um als Beispiel des schrecklichsten und gefährlichsten aller Tiere vorgeführt zu werden.» M. J. Schleiden, Das Meer, Berlin 1869, S. 468.

IV. Das Rätsel von Schottland
Die Sage vom Zusammenhang des Ungetüms «Nessie» mit den Beschwörungen des A. Crowleys (1899) vernahm ich bereits um 1950 von Esoterikern, wie Maurice Schaerer und Alice Sprengel, die in Bern Tatsachen und Meinungen zur unbekannten Naturgeschichte von Europa sammelten! Immerhin – «schon vor 1880 tauchte es in dem schottischen See regelmässig auf». Farson/ Hall, S. 184. *Zum modernen Magieglauben am Loch Ness:* R. Tegtmeier, A. Crowley, München 1989, S. 233.

V. Salamander und andere Feuergeschöpfe
Der Physiologus, Hrsg. O. Seel, Zürich 1960, S. 27 f; W. Odojewskij, Magische Novellen, Hrsg. J. v. Guenther, München o. J., S. 29–143. *Feuerwesen und Naturerscheinungen:* Kloster, Bd 3, Hrsg. J. Scheible, Stuttgart 1846, S. 85 f; M. R. Grimm, Vom grossen Misch-Masch, Hrsg. R. Simmen/S. Golowin, Zürich 1965, S. 59 ff. *Kenntnis der Radioaktivität in der «Naturmagie»?:* E. Bischoff, D. Sieg d. Alchymie, Berlin 1925, S. 131. Vgl. J. P. Bayard, Le feu, Paris 1956; J. P. Bayard. Le monde souterrain, Paris 1961; C. Clair, S. 160.

VI. Im Tierpark der Kobolde
Verbindung der «baskischen» Hexen mit Indienfahrern: J. C. Baroja, Die Hexen u. ihre Welt, Stuttgart 1967, S. 224. *Zur «Wiederentdeckung» der Teddybären:* P. Cockrill, Das grosse Buch der Teddybären, München 1992, S. 6 f; S. Golowin, Magische Gegenwart, Bern 1964, 53 ff. *Zum «Puma in England»:* S. N. Popowa in: Mitchell, S. 283 ff. *Die indische Flügelkatze:* Versuch einer Katzengeschichte, Augsburg 1772. *Weiße Schlange als «Osterschlange»:* Handwörterbuch des deutschen Aberglaubens, Bd 3, Leipzig 1934, S. 1362. (Nach M. v. Wlislocki, Volksdichtungen der...Zigeuner, Wien 1890, S. 65.)

VII. Wunderbare Luftgeschöpfe

Physiologus, S. 8 f. *In der Alchimie kann der Phönix geradezu als ein «rechter Salamander» bezeichnet werden!*: H. Buntz, Deutsche alchimstische Traktate des 15. und 16. Jahrhunderts, München 1969, S. 157. *Er kann auch als Sinnbild des «Steins der Weisen» erscheinen: «Ut Salamandra vivet igne, sic lapis.»*

VIII. Göttliche Rosse

Beim deutschen Alchimisten Lamspring ist das Einhorn das Sinnbild des «Flüchtigen», also des Feinstofflichen in der Materie!: Buntz, S. 182. *«In Darstellungen der Verkündigung steht es (das Einhorn) neben, ja an der Stelle des Engels.»* Physiologus/ Seel, S. 82. *In der mittelalterlichen slawischen (aus dem Griechischen übernommenen) Geschichte vom Drachen und Einhorn ist der tiefe Graben, in den hier der Mensch stürzt: Das Sinnbild «der ganzen Welt, erfüllt von bösen und todbringenden Fangnetzen»!* Biblioteka... fantastiki, Bd 1, S. 39. *Auch der Pegasus erscheint als alchimistisches Symbol:* A.-J. Pernety, Dictionnaire mytho-hermétique. Paris 1972 (nach Ausgabe 1787) S. 273.

Bibliographie (Auswahl)

Aristoteles: *Thierkunde...*, Hrsg. M. Aubert / F. Wimmer, Leipzig 1868.

Beer, R. B.: *Einhorn,* 3. Aufl., München 1977.

Beiderbeck, R. / Knoop, B.: *Buchers Bestiarium*, Luzern 1978.

Blankenburg, W. v.: *Heilige u. dämonische Tiere...*, 2. Aufl., Köln 1975.

Bochart, S.: *Hierozicon...*, Frankfurt 1675.

Bodson, L.: *Contribution à l' étude de la place de l' animal dans la religion grecque ancienne*, Brüssel 1978.

Boelsche, W.: *Drachen,* Stuttgart 1929.

Borges, J.L. / Guerrero, M.: *Einhorn, Sphinx u. Salamander*, München 1964.

Burkolter-Trachsel, M.: *Der Drache*, Bern 1981.

Clair, C.: *Unnatürliche Geschichten*, Zürich 1967.

Combaz, G.: *Masques et dragons en Asie*, Bruges 1945.

Costello, P.: *The Magic Zoo*, London 1979.

Egli, H.: *Das Schlangensymbol*, Olten 1982.

Farson, D. / Hall, A.: *Geheimnisvolle Wesen...*, Glarus 1978.

Findeisen, H.: *Das Tier als Gott...*, Stuttgart 1956.

Flagge, I.: *Untersuchung zur Bedeutung des Greifen*, Diss. Köln 1975.

O' Flatherty, W.D.: *Sexual Metaphors and Animal Symbols in Indian Mythology*, Delhi 1980.

Fonterose, J.: *Python,* Los Angeles 1959.

Friedmann, H.: *Le bestiary for Saint Jerome...*,Washington 1980.

Ganslmayr, H.: *Das Krokodil in Kult u. Mythus...*, Diss., München 1969.
Gesner, C.: *Schlangenbuch*, Zürich 1589.
Goutel, E. de / Verbek, Y.: *Animaux mythiques...*, Genf 1974.
Guide de la France mysterieuse, Hrsg. R. Alleau, Paris 1964.
Höfling, H.: *Ufos, Urwelt, Ungeheuer*, Köln 1990.
Hofstetter, E.: *Der Herr der Tiere im alten Indien*, Wiesbaden 1980.
Huxley, F.: *The Dragon*, London 1992.
Keel, O.: *Jahwes Entgegnung an Ijob*, Göttingen 1978.
Kircher, A.: *Mundus subterraneus*, 2. Aufl., Amsterdam 1664.
Klingender, F.: *Animals in Art and Thought to the End of the Middle Ages*, London 1971.
Knuchel, E. F.: *Vogel Gryff*, Basel 1944.
Krekoukias, D.: *Gli animali nella meteorologia popolare degli antichi Greci*, Firenze 1970.
Ley, W.: *Exotic Zoology*, New York 1959.
London, M. S.: *Royal Beasts*, East Knoyle 1956.
Müller D.: *Das Tier in Leben u. Glauben der frühislamischen Gesellschaft*, Diss., Münster 1968.
Mueller, P.: *Löwen u. Mischwesen in der archaischen griechischen Kunst*, Zürich 1978.
Olaus Magnus: *Historia de gentibus septentrionalibus*, Roma 1555.
Paré, A.: *Des monstres tant terrestres que marins...*, Paris 1573.
Petzold, L.: *Kleines Lexikon d. Dämonen u. Elementargeister*, München 1990.
Riedl-Dorn, C.: *Wissenschaft u. Fabelwesen*, Wien 1989.
Rosenberg, A.: *Michael und der Drache*, Olten 1956.
Roux, J.P.: *Faune et flore sacrées dans les sociétés altaiques*, Paris 1966.
Scheibelreiter, G.: *Tiernamen u. Wappenwesen*, Wien 1976.
Verbeck, Y.: *Légende et réalité sur le triangle des Bermudes*, Genf 1978.
Valeriano Bolzani, G.P.: *Hieroglyphica*, Lyon 1602.

Weicker, G.: *Der Seelenvogel in d. alten Literatur u. Kunst*, Leipzig 1902.
Woysch-Méautis, D.: *La représentation des animaux ... sur les monuments funéraires grecs...*, Neuchâtel 1982.
Yalouris, N.: *Pegasus*, Mainz 1987.

Abbildungsverzeichnis